AF474666

L'INDUSTRIE

LITTÉRAIRE ET SCIENTIFIQUE

LIGUÉE AVEC

L'INDUSTRIE

COMMERCIALE ET MANUFACTURIÈRE.

L'INDUSTRIE
LITTÉRAIRE ET SCIENTIFIQUE
LIGUÉE AVEC
L'INDUSTRIE
COMMERCIALE ET MANUFACTURIÈRE,

OU

Opinions sur les Finances, la Politique, la Morale et la Philosophie, dans l'intérêt de tous les hommes livrés à des travaux utiles et indépendans.

TOME PREMIER.

SECONDE PARTIE.

POLITIQUE.

PAR A. THIERRY,
Fils adoptif de H. SAINT-SIMON.

A PARIS,
CHEZ DELAUNAY, LIBRAIRE AU PALAIS ROYAL.
1817.

SECONDE PARTIE.

POLITIQUE.

DES NATIONS ET DE LEURS RAPPORTS MUTUELS : CE QUE CES RAPPORTS ONT ÉTÉ AUX DIVERSES ÉPOQUES DE LA CIVILISATION ; CE QU'ILS SONT AUJOURD'HUI ; QUELS PRINCIPES DE CONDUITE EN DÉRIVENT (1).

CHAPITRE Ier.

Ce que c'est qu'une Nation.

Il y a des animaux qu'un penchant naturel porte à vivre en troupes ; l'homme est de ce

(1) Nous croyons que la politique, autrefois la propriété des cabinets, appartient maintenant aux nations ; qu'aujourd'hui, les nations agissent. Nous croyons que

nombre. On le voit suivre sans réflexion, sans calcul, et par instinct, la foule de ses semblables, se lier à leur fortune, s'engager dans leurs intérêts, leurs passions, leurs projets, leurs querelles. Dans tous les temps, dans tous les lieux, dans tous les états, agissant ou en repos, errant ou fixé, l'homme se montre toujours uni à d'autres hommes.

On ne peut savoir aujourd'hui quel étoit ce penchant, quand il agit pour la première fois; toujours sait-on quel est dans l'homme habitué à la vie sociale, le besoin de la compagnie d'autrui. La tristesse accompagne la solitude, et la joie le commerce des hommes : l'enfant crie

---

l'opinion publique, dont on menaçoit les souverains, comme d'une puissance de réaction, est désormais la force active; qu'elle ne contrôle plus seulement, qu'elle commande; qu'elle ne règle plus seulement l'impulsion donnée, qu'elle donne elle-même l'impulsion.

Nous croyons donc qu'un écrivain qui veut être utile, n'a plus à s'adresser aux princes, mais aux nations; que sa tâche n'est plus de faire entendre aux conducteurs des peuples comment ils doivent conduire les peuples, mais aux peuples quelle pourroit être leur conduite.

lorsqu'on le quitte ; Philoctète abandonné pleure.

Toutefois, il y a loin encore de cet instinct de la sociabilité, de cet amour de la compagnie, à l'association, à la société : société, c'est ligue. Lorsque l'homme se rapproche d'un autre homme par instinct, il est passif, il obéit ; lorsque l'homme se ligue avec un autre homme, il est actif, il veut : il n'y a point de coalition, point de société sans un objet.

Si l'objet est passager, la société est momentanée ; si l'objet est durable, la société est constante.

Des hommes se trouvent rapprochés par hasard ; ils ne sont point associés, ils ne forment point société : un intérêt commun se produit, et la société est formée ; l'intérêt cesse d'exister, et la société est dissoute. Cet intérêt, principe de la société, c'est un danger qui menace, un besoin qui se fait sentir, une passion qui gagne.

C'est ainsi que la société, parmi les peuples chasseurs, commence et finit avec la chasse :

telle étoit la société guerrière qui combattoit devant Troie; le siége de Troie en étoit l'objet, il en étoit le lien; la ville détruite, chacun revient à l'isolement, ou s'engage dans une autre société, créée par une autre entreprise. Telles étoient les sociétés offensives ou défensives qu'on a vues, dans tous les temps, se former et se détruire, selon l'intérêt ou la passion du moment.

Société, *nation*, sont des mots synonymes dans tous les livres des politiques; une *nation*, c'est donc une ligue, c'est donc une portion de l'espèce humaine unie pour la poursuite d'un même objet, et par la volonté de le poursuivre.

Ce qu'on a appelé l'esprit national, ce n'est en effet que la volonté individuelle qui imprime à chacun son mouvement propre, dans le sens du mouvement commun. On peut définir l'esprit social, l'esprit national, le patriotisme (car tout cela est une même chose), par ces deux mots : *idem velle atque idem nolle* (1).

(1) *Mêmes désirs, même aversion.*

SALLUSTE, Catilina.

C'étoit une *nation* que le peuple de guerriers, qui, par des efforts communs, défendit sa liberté contre les Perses; et cette *nation* c'étoient tous les Grecs. C'étoit une *nation* que le peuple de marchands, qui, dans le treizième siècle, maintenoit de concert son indépendance contre l'Empire germanique; et c'étoit l'Italie presque entière. C'étoit aussi une *nation* que le peuple de dévots qui se jetoit sur l'Afrique pour rendre aux Sarrasins tout le mal qu'il en avoit reçu; et cette *nation*, c'étoit l'Europe.

Pourquoi ces *nations* n'ont-elles pas longtemps duré? Pourquoi se sont-elles promptement dissoutes et divisées en d'autres nations partielles? C'est que l'objet n'a point subsisté; c'est que les Perses ont été défaits, les empereurs repoussés, les Sarrasins dégoûtés de leurs conquêtes.

Tout homme est enrôlé dans un parti, tout homme est d'une *nation*. Celui qui se dit concitoyen de tous les hommes, n'est, à vrai dire, que le concitoyen de tous les hommes pensant comme lui. Il n'y a qu'une *nation* au monde, dont un cosmopolite soit membre, la *nation* des cosmopolites.

Ralliés que nous sommes autour de certains intérêts qui nous sont communs avec une portion de nos semblables, et qui, par cela même, nous semblent grands et importans, notre attention, fortement sollicitée par ces objets, traverse rapidement tout le détail des intérêts privés, trop imperceptibles alors pour la distraire. Des intérêts éloignés qui nous touchent en commun avec d'autres hommes, font taire devant eux des intérêts présens qui ne sont propres qu'à nous seuls, et c'est par l'impuissance où nous sommes d'y pourvoir, ou même de les sentir à la fois. Notre foiblesse commande un sacrifice; pour quiconque a porté d'abord sa vue hors de lui, le choix n'est jamais douteux.

On a fait du patriotisme une vertu pénible; mais le patriotisme est un fait pour l'homme en société, en entendant par ce mot l'homme associé par sa volonté libre, l'homme ligué avec des hommes de son choix. Le soin du bien-être national, l'enthousiasme de la passion nationale, font oublier au citoyen ses affections privées, son bien-être, sa vie : celui qui usoit toute son attention à contempler les astres au ciel, n'en avoit plus pour observer le sol où il plaçoit les pieds.

Partout où il y a *nation*, il y a, par cela seul, patriotisme. On trouve des multitudes d'hommes rassemblés où l'on ne voit point de patriotisme; c'est une preuve que ces multitudes ne sont point des *nations*.

Toutefois, le progrès des idées humaines tendant à donner plus d'assurance et plus de calme aux jugemens des hommes dans la recherche de leurs intérêts, les besoins nationaux, de jour en jour mieux sentis, doivent devenir par degrés moins ennemis des intérêts individuels. L'objet des associations humaines a été long-temps quelque chose d'idéal, de vague, de métaphysique; on le voit insensiblement s'approcher de sa véritable nature, qui est le bien de chacun.

A mesure que la civilisation simplifie les intérêts sociaux, elle les étend sur un plus grand nombre d'hommes, elle agrandit les sociétés. Le jour que tout le genre humain sera convaincu que le seul but de l'union sociale, que le seul objet des hommes rassemblés est le plus grand bonheur de chacun en particulier, ce jour-là, il n'y aura qu'une *nation*, et cette *nation*, ce sera tout le genre humain.

Nous sommes encore bien loin de ce jour. Même dans l'Europe civilisée, les objets des Etats sont loin d'être réduits aux simples objets de la nature humaine, la liberté, et l'aisance de la vie. On croit que le corps social a des besoins extraordinaires ; on travaille sur lui de mille manières pour obtenir des résultats qui répondent à ces besoins qu'on lui suppose; il se trouve que le besoin n'existant pas, le résultat est inutile: tout l'effort est en pure perte; on l'épuise pour le soutenir à force d'art, tandis que, pour prospérer, il ne veut qu'être laissé à lui-même.

Ces intérêts imaginaires multiplient les sociétés : il se crée divers points de ralliement, selon les fantaisies diverses, d'après lesquelles on peut juger des besoins généraux des hommes. Ceux qui croient à ces chimères s'y rallient, ils s'en font des centres d'action, et ils se portent vers de faux objets avec la même opiniâtreté que les sages tendent vers l'objet véritable (1). Il est souvent aussi impossible de faire préférer à un ignorant malade le médecin au charlatan, qu'à un homme de sens et de savoir le charlatan au médecin.

Nation, avons-nous dit, c'est ligue; ligue c'est union d'efforts. Partout où il se trouve un objet où des hommes tendent de concert, là, et là seulement, il y a une *nation*.

Si donc nous voulons savoir quelles sont en Europe les *nations*, jetons hardiment les yeux au loin, sans nous laisser arrêter ou distraire par les inégalités du sol, par les différences du langage, du gouvernement, de l'habit, des

---

(1) L'habitude de telle ou telle manière d'être fait bientôt qu'on ne conçoit plus qu'il soit possible d'être autrement. L'habitude d'agir pour un certain but, mène à ne pouvoir plus imaginer d'autre but que celui-là. Après la capitulation d'Yorck, un soldat écossois disoit à un soldat françois, en lui montrant quelques Américains : « Voilà de bien sottes gens! Nous nous battons pour notre roi, nous autres, et vous pour le vôtre; mais eux, pour qui, diable! se battent-ils? » (*Lettres d'un cultivateur américain*, tom. III.)

manières; et partout où nous verrons des hommes pensant et voulant de même, à l'égard de ce qu'ils croient être leurs plus chers intérêts, disons, sans craindre de nous tromper : Ces hommes s'entendent, ils sont unis, ils sont actifs dans des vues communes; ici il y a une *nation*.

C'est une chose commode pour la géographie que les divisions de territoire fermées par des limites remarquables ; mais c'est tomber dans un abus de mots que de donner, sans examen, le nom de *nation* au nombre de peuple contenu entre deux mers, deux rivières, deux chaînes de montagnes. Tel prince qui dit : « La *Nation* à qui je commande... », bâtit souvent d'une seule parole un édifice que toute sa puissance ne sauroit élever là où les bases n'en sont point posées, une société. On n'associe les hommes que lorsqu'ils consentent : il faudroit au préalable avoir vérifié le consentement.

Voit-on dans les villes les mêmes partis, les mêmes coteries, toujours renfermés dans les mêmes quartiers, entre les mêmes rues? Les intérêts qui ameutent les factions ne planentils pas au-dessus de la population tout entière ? ne la séparent-ils pas lorsqu'elle est rapprochée, ne l'unissent-ils pas lorsqu'elle est séparée? Les *nations* sont des partis. Tel homme vivant où il est né, a ses concitoyens loin de lui, et les étrangers à sa porte.

Les *nations* se forment d'elles-mêmes, se détruisent d'elles-mêmes, se maintiennent d'elles-mêmes. La guerre et la diplomatie ont beau faire, ce qu'elles divisent reste uni, ce qu'elles unissent reste divisé : leur action ne change point les choses ; elle trouble seulement, et pour un temps. La diplomatie opère, et les *nations* subsistent ; la diplomatie passera, et les *nations* resteront.

Qui sait de quelle *nation* sont les hommes, qu'eux-mêmes? Eux seuls doivent être crus sur le parti auquel ils appartiennent. Un Anglois n'est pas de la même *nation* qu'un Russe : mais ce n'est pas parce que l'Angleterre est à un bout de l'Europe et la Russie à l'autre; ce n'est pas parce que le souverain de l'Angleterre est George, et celui de la Russie Alexandre ; c'est pour d'autres raisons que celles-là ; car tel Anglois pourroit bien aussi se dire étranger de *nation* avec tel autre habitant de l'Angleterre.

CHAPITRE II.

De l'idée attachée au mot d'*Étranger*.

Il y a des peuples auxquels le mot d'*étranger* ne rappelle qu'une idée, celle d'une proie à *manger* (1). Tout le genre humain a passé par ce premier état de barbarie.

Pour d'autres peuples, un *étranger*, c'est un homme qu'on maltraite, qu'on dépouille, qu'on tue sans scrupule. Cette coutume règne encore aujourd'hui sur les trois quarts du monde habité. C'est le second état de la barbarie humaine.

(1) . . . qui pectora, brachia, vultum
Crediderint genus esse cibi.
JUVÉNAL, sat. XV.

Voler les troupeaux, enlever les femmes de ses voisins, détrousser les voyageurs, c'étoit, dans les temps héroïques de la Grèce, l'occupation la plus noble de tout homme puissant et courageux (1).

Chez un grand nombre d'anciennes peuplades, il étoit selon le droit qu'un *étranger* fût tué. Dans la langue romaine, le même mot répondit long-temps aux deux idées d'ennemi et d'*étranger* (2).

Il est assez curieux de voir la morale des Tartares rédigée en droit des gens par les jurisconsultes de Rome : « Les peuples, dit Pompo-
» nius, avec lesquels nous n'avons ni amitié ni
» alliance, ne sont point nos *ennemis*. Cepen-
» dant, si une chose qui nous appartient tombe
» entre leurs mains, ils en sont propriétaires ;
» les hommes libres deviennent leurs esclaves;

(1) Latrocinia nullam habent infamiam, quæ extrà fines cujusque civitatis fiunt, atque hæc juventutis exercendæ causâ fieri prædicant. (César, livre VI, *Mœurs des Gaulois.*)

(2) *Hostis.* (Cicéron.)

» et ils sont dans les mêmes termes à notre » égard (1). »

Selon les coutumes gothiques ou féodales, au premier pas qu'on faisoit sur les terres d'un seigneur *étranger*, on devenoit son esclave ; et il ne falloit pas voyager loin pour cela. Au temps de l'invasion des Normands, les habitans des provinces maritimes de France s'enfuirent dans l'intérieur du royaume pour échapper à ces pirates ; ils fuyoient le pillage et la servitude, partout ils les rencontrèrent ; les seigneurs n'étoient pas plus humains que les Normands (2).

Peu à peu ces dispositions hostiles envers les *étrangers* ont cessé d'être regardées comme conformes à la raison et à la justice ; les lois en ont été purgées. Le préjugé de haine des nations, pour tout ce qui n'étoit pas elles, est descendu des classes élevées dans les classes inférieures ; on a trouvé qu'il étoit digne de la populace seule d'insulter un *étranger*; le temps viendra où la populace elle-même trouvera cela indigne d'elle.

---

(1) *Esprit des Lois*, liv. XXI, chap. XIV.

(2) Robertson, *Introduction à l'Hist. de Charles V*, note XXIV.

La route de la civilisation est une route étroite. Tous les hommes n'y marchent point de front ; ils se suivent, ils vont à la file. Il y a toujours des premiers et des derniers. La colonne s'avance tout entière ; mais, à chaque nouveau pas qu'elle fait, le premier rang seul se trouve en avant du chemin battu ; la place qu'il quitte est occupée par le second, qui cède la sienne au troisième, et ainsi jusqu'à la dernière place, qui demeure vide, et qui doit le demeurer toujours.

Aussi, chaque âge de l'espèce humaine offre des traces des âges précédens. Selon le cours ordinaire des choses, il n'y a guère dans un siècle que la tête du genre humain qui se conduise d'après les lumières du siècle ; le vulgaire conserve pour règle la science des siècles antérieurs, et encore y a-t-il des rangs dans le vulgaire et des degrés de cette science qui leur correspondent.

Il y a eu, dans la science religieuse, trois degrés qui en ont marqué le progrès : l'idolâtrie, le polythéisme et le théisme. Lorsque le genre humain pensant, c'est-à-dire la moindre partie du genre humain, a passé de l'idée de causes matérielles à l'idée de causes intelligentes, le vulgaire est resté où il étoit, il a gardé l'idolâtrie; et le Jupiter qu'on venoit de placer au ciel est demeuré pour lui fixé dans son temple. Quand, plus tard, dans les têtes pensantes, l'idée d'une cause unique intelligente, d'un seul Dieu, a chassé l'idée de plusieurs dieux, les deux autres croyances, successivement abandonnées des sages, se sont partagé le vulgaire; elles se le partagent encore. Tandis qu'un chrétien s'adresse au seul Dieu, un autre chrétien invoque les dieux inférieurs, les anges, les bienheureux; un troisième porte ses dieux dans sa poche.

Il en est de même pour toutes les sortes d'opinions; l'impression que réveille aujourd'hui le mot d'*étranger* dans les hommes est bien diverse, selon la condition de chacun.

Pour celui qui a eu part aux derniers progrès de la raison humaine, pour celui qui est à la hauteur du siècle, pour l'homme philosophe, tout homme éclairé est un associé de travail; c'est un membre de la même société que lui, un homme dont les efforts concourent avec les siens, et vers un but commun, le bien-être et la liberté de tous les hommes.

Aux yeux de l'homme du monde, qui va moins avant dans les choses, qui ne s'arrête guère qu'à l'agréable et aime surtout les jouissances de la vie, un *étranger* poli est un hôte aimable, qu'un jour, peut-être, il sera heureux de rencontrer. Comme il cherche, avant tout, l'aisance, il voudroit qu'elle fût partout, pour être sûr de la trouver partout ; la facilité du commerce, les grâces de l'esprit, les commodités du luxe, sont des fruits qu'il aimeroit à voir croître au loin autour de lui, parce qu'il sait bien que lui-même auroit part au profit de cette culture. Rien ne le fatigue autant que la grossièreté et la misère ; ses vœux seroient que tous les hommes fussent riches et aimables. Il prodigue à l'*étranger* cette politesse délicate et attentive, qu'il pourra recevoir de lui à son tour. Il ne le distingue de ses compatriotes qu'en lui témoignant plus d'égards.

Pour le peuple (1), c'est tout autre chose. Un *étranger* est d'abord un méchant homme: voilà le sentiment. Puis, c'est un homme qui a intérêt à nuire, et à qui il faut nuire pour

(1) Le *peuple* ici, c'est la *classe commune*, VULGUS.

se préserver; c'est un homme qui veut nous vendre ses marchandises sans acheter les nôtres, et par là nous épuiser d'*argent*. C'est un homme dont il faut ruiner l'industrie pour qu'il n'ait plus rien à vendre et tout acheter, et qu'alors ce soit nous à notre tour qui l'épuisions d'*argent*. Voilà le raisonnement.

Quant au sentiment et à la raison, le peuple est là-dessus, comme on voit, à peu près au point où étoient, il y a plus de deux mille ans, les jurisconsultes romains.

Le peuple vit en commun avec les honnêtes gens (1), dans les mêmes murs et sous les mêmes lois; le peuple fait nombre dans la population; mais fait-il nombre dans la nation? la nation, n'est-ce pas ceux qui pensent, qui jugent, qui sentent d'accord avec l'intérêt public? Le peuple fait bande à part tant qu'il reste peuple; tant que sa voix est contre la

(1) C'est-à-dire ceux qui pensent, ceux qui pensent par eux-mêmes, ceux dont la raison n'est point hébêtée par l'ignorance, ni faussée par le contact, par la vue du pouvoir.

raison acquise, sa voix est nulle. Pourtant, si l'on regarde la conduite de la politique, il y a encore bien des États où c'est la voix du peuple qui décide.

CHAPITRE III.

De l'objet des Nations.

L'HOMME, dans l'état sauvage ou primitif, a beaucoup à démêler avec les hommes et peu avec les choses. Aussitôt qu'il sent le besoin, l'idée d'un homme s'offre à lui; c'est un compagnon ou un concurrent, c'est un ami ou un ennemi. Car, lorsqu'il est difficile d'acquérir, il y a besoin d'efforts réunis, et lorsqu'il y a peu à obtenir en comparaison des besoins, il y a toujours trop de prétendans. Les premières impressions du sauvage, celles qui entrent le plus avant dans son âme, parce qu'elles sont liées à toutes les autres, ce sont l'affection et la haine.

Ces sentimens, éprouvés par instinct, sont retenus et fortifiés par l'habitude; ils se portent souvent jusqu'au dernier degré de l'enthousiasme, jusqu'à l'oubli de tout intérêt, même de la conservation personnelle. La haine a ses dévouemens comme l'amitié; tout ce qui appartenoit à l'ennemi est détruit, au lieu d'être enlevé; les prisonniers sont massacrés, au lieu d'être faits esclaves; et quelquefois, le vainqueur meurt épuisé de faim et de fatigue, sur des cendres et des cadavres.

Dans un état plus avancé, avec une plus grande capacité d'observation et de jugement, l'homme se met plus en relation avec les choses, et, à mesure qu'il fait plus d'attention à elles, il sent moins et calcule davantage. Ses communications avec les hommes deviennent moins brusques, moins irréfléchies; il les subordonne à des résultats personnels, il songe à se faire des instrumens de ceux dans lesquels il n'auroit vu d'abord que des appuis ou des obstacles.

La première tendance à l'opposition et à l'hostilité se conserve encore, mais l'intérêt la modifie. Le vainqueur sait se contenir; il fait trève à ses ravages, il épargne les fruits de la terre, il réserve l'esclave qui l'exploitera pour lui; il s'entoure, autant qu'il peut, de machines à nourrir l'homme. Pour lui, il combat encore par le besoin d'agir, par le besoin de posséder davantage, et il se repose (1).

Le premier mobile de la conduite d'une nation à l'égard des autres, ce fut la haine furieuse, aveugle, désintéressée; le second, ce fut le plaisir et l'intérêt du despotisme.

C'est dans ce dernier état qu'on a trouvé les peuplades sauvages de l'Amérique.

C'est ainsi que Tacite nous dépeint les Germains.

Tel étoit, avec plus d'art, de moyens, de

---

(1) Quotiès bella non ineunt, non multùm venatibus, plus per otium transigunt, dediti somno ciboque. (TACITE, *Mœurs des Germains.*)

FLORUS dit la même chose des anciens Gaulois.

Toujours placé entre la ruine et la conquête, l'homme barbare donne au repos tous les momens de relâche. Il ne peut s'abaisser aux objets de l'industrie ni à un travail mécanique. Cet animal de proie est un dormeur : le guerrier se livre au sommeil, tandis que les femmes ou des esclaves lui préparent son repas. (FERGUSSON, *Essai sur l'histoire de la société civile*, 2e partie.)

civilisation, l'esprit national des républiques de l'antiquité.

Les idées de gloire et de grandeur dans le despotisme (1), étoient le mobile des États de la Grèce. Conquérir le monde pour la gloire de le vaincre, pour l'intérêt de l'exploiter, c'étoit l'objet de la ville de Rome.

Peu à peu vinrent les lumières; à la suite des lumières, les besoins; à la suite des besoins, l'industrie. L'industrie, calme et patiente, amortit cette chaleur de sang qui poussoit les hommes sans cesse au dehors; la vie se porta au dedans; pour produire une grande action sur les choses, ce fut sur soi-même qu'on agit.

Le caractère des peuples de l'antiquité étoit essentiellement militaire (2). Ce qu'il y avoit de travail paisible étoit rejeté hors de la nation et abandonné aux esclaves. La grande industrie, c'étoit la guerre; avec l'épée on produi-

---

(1) *Maximam gloriam in maximo imperio.* (Salluste, *Catilina.*)

(2) Il faut regarder les Grecs, dit Montesquieu,

soit, par l'épée se grossissoient les richesses de l'État et des particuliers.

Cet ordre de choses devoit finir avec l'état moral qui l'avoit produit et qui le maintenoit; un autre devoit lui succéder, conforme à cette direction intérieure, qui remplaçoit dans l'homme son ancienne tendance à se jeter hors de lui. La révolution se fit dans le douzieme siècle.

Par l'affranchissement général des communes dans toute l'Europe, l'industrie paisible, qui, chez les anciens, étoit hors de l'É-

---

comme une société d'athlètes et de combattans. (*Esprit des lois*, liv. IV, chap. VIII.)

Ce caractère est aussi celui de toute société grossière et indépendante.

Vita omnis in studiis militaris rei consistit. (César, liv. VI, *Mœurs des Gaulois*.)

« Je suis un guerrier, et non pas un marchand », répondit un Américain au gouverneur du Canada, qui lui proposoit des marchandises en échange de quelques prisonniers qu'il avoit faits. (Fergusson, *Essai sur l'histoire de la société civile*, liv. III.)

tat (1), entra dans l'État, et en devint une partie active, de passive qu'elle étoit d'abord.

A cet événement se rattache à la fois l'époque

---

(1) Xénophon doute que le commerce soit d'aucun avantage à l'État. (HIERON.)

Platon l'exclut entièrement de sa république. (*Lois*, liv. IV.)

Aristote veut que les artisans et les laboureurs soient esclaves.

Romulus ne permit que deux sortes d'exercices aux gens libres, la guerre et l'agriculture (et c'est le seul législateur de l'antiquité qui ait toléré cette dernière profession). Les marchands, les ouvriers, ceux qui tenoient une maison à louage, les cabaretiers, n'étoient pas du nombre des citoyens. (DENYS d'Halicarnasse, cité par Montesquieu.)

L'*Ecclésiastique*, après avoir passé en revue tous les genres d'arts et de métiers, et ceux qui les exercent, l'écrivain, le laboureur, le berger, l'architecte, le sculpteur, le peintre, le forgeron, le potier, poursuit ainsi :

SINE HIS OMNIBUS NON ÆDIFICATUR CIVITAS,
SED IN ECCLESIAM NON TRANSILIENT.

Ils ne franchiront point les barrières qui les séparent de l'État. (*Ecclésiastique*, chap. XXXVIII.)

de la liberté des services (1) et l'époque de la paix, devenue un objet de la politique (2); deux changemens, d'où sont venues en Europe toutes les révolutions passées, et d'où sortiront toutes celles qui sont encore à naître.

« Dans les siècles grossiers, dit Fergusson,
» le commerçant est borné dans ses vues,

---

(1) Chez les peuples anciens, toute profession qui mettoit un homme dans des rapports de service à l'égard de l'État, le rendoit libre; toute profession qui le mettoit dans ces rapports à l'égard d'un autre homme, le rendoit par force dépendant de celui-ci. Ainsi, l'industrie publique donnoit la liberté, l'industrie privée l'esclavage.

Chez les peuples modernes, les choses tendent à ce que toute industrie soit libre, à ce que nulle profession de la vie privée n'implique aucune espèce de dépendance forcée.

(2) La paix n'étoit, pour les anciens, qu'un temps d'inaction et de préparation à la guerre : ils faisoient la paix dans la vue de réparer, de recueillir leurs forces pour une nouvelle guerre, et jamais la guerre dans la vue d'obtenir une longue paix.

La guerre de vingt-cinq ans, qui vient de se terminer, n'a pu être soutenue qu'en persuadant aux peuples que la paix en étoit l'objet, que, sans elle, la paix étoit impossible. Voilà l'esprit des nations modernes.

» trompeur, avide, mercenaire; mais, à me-
» sure que son art avance et fait des progrès,
» ses vues s'étendent, ses principes se fixent;
» il devient exact, intègre, libéral. Dans les
» temps de corruption, lui seul a toutes les
» vertus, l'État trouve en lui le plus éclairé
» et le plus respectable de ses membres (1). »

Voilà l'histoire des nations européennes depuis la naissance de l'industrie parmi elles.

D'abord, la petitesse des vues et des combinaisons, rendant les peuples timides, ils virent partout des concurrens, et toujours leurs concurrens comme des obstacles. L'intérêt jaloux crut que s'en défaire ou les éluder, ce seroit réussir. Il y eut de grandes querelles pour de petits motifs, de l'astuce, des intrigues, rien de franc, rien d'ouvert, rien de noble, parce qu'il n'y avoit rien de grand.

C'est là le tableau que présentent depuis cinq siècles les relations des peuples entre eux.

---

(1) Fergusson, *Essai sur l'histoire de la société civile*, IIIe part., chap. IV.

L'intérêt sans lumières donna naissance à une sorte de politique tortueuse, basse, fausse dans ses principes, funeste dans ses résultats, dont la première maxime étoit : Nuis, et tu prospéreras. Machiavel n'a point créé la doctrine qui porte son nom, il n'a fait que réduire en système ce qu'il voyoit pratiquer.

La politique de Louis XI, de Ferdinand le catholique, de Charles V, est devenue, après eux, l'héritage de bien des princes et même de bien des nations, qui s'imaginoient de bonne foi que ce qui avoit réussi à quelques-uns par des causes particulières, étoit d'un succès infaillible pour tous. Par trop s'occuper de brouiller les affaires d'autrui, on perdoit de vue les siennes. Les bras qui détruisoient chez l'étranger, ne produisoient pas au-dedans. L'argent qu'on jetoit à l'ennemi avec chaque boulet de canon, ne revenoit pas donner de la vie à l'industrie nationale. Pour appauvrir les autres, on s'appauvrissoit soi-même ; on devenoit formidable, et malheureux.

L'industrie étendue, l'industrie éclairée, est essentiellement morale. « A la Chine, où le » vol, la fraude et la corruption règnent

» dans toutes les classes du peuple, on trouve,
» chez le gros négociant, de la bonne foi et
» de l'honneur. C'est que, tandis que les autres
» n'ont pour règle de conduite qu'une po-
» lice faite pour des brigands, lui, il puise ses
» principes dans la *raison de commerce*, dans
» les maximes de l'humanité (1). »

Les nations ont été d'abord des soldats se battant loyalement, et barbares avec noblesse; puis elles sont devenues de petits marchands occupés à se disputer des places pour leurs petites boutiques, au lieu de songer à les garnir, et volant leurs pratiques pour avoir plus à leur vendre : elles sont aujourd'hui de riches négocians, ayant de vastes comptoirs, de nombreux ateliers, de grands capitaux accumulés; ce nouvel état est bien différent de l'autre, mais les mœurs qu'il commande sont aussi bien différentes. Les nations tiendront-elles maintenant leur esprit plus bas que leur fortune?

---

(1) FERGUSSON, *Essai sur l'histoire de la société civile*, IIIe part., chap. IV.

CHAPITRE IV.

De l'existence nationale.

Que Carthage soit détruite (1)! Rome ne peut durer si Carthage reste debout : tel étoit le refrain du vieux Caton, toutes les fois qu'il parloit dans le Sénat

Que Carthage soit détruite! Cette exclamation a bien des fois retenti en France dans des discours ou des écrits *patriotiques,* et alors Carthage vouloit dire l'Angleterre ; bien des fois elle a retenti en Angleterre, et alors Carthage, c'étoit la France.

On vient de voir dernièrement, en 1815, dans les actes publics de la coalition conduite

---

(1) Delenda est Carthago.

par l'Angleterre contre la France, ces paroles, ou du moins le sens de ces paroles : « Que la » France subsiste, qu'elle subsiste grande et » libre, son existence est nécessaire à l'Eu- » rope. »

Cette étrange différence de langage mérite qu'on en recherche la raison.

On a long-temps considéré les États comme des corps qui devoient se maintenir de leur seule et propre énergie, vivre de leurs propres moyens, sans rien devoir à ce qui se trouvoit hors d'eux, sans rien attendre de l'extérieur, qu'inimitié, opposition, obstacles (1). D'après cette manière de voir, l'art de la politique étoit de développer au plus haut degré la

---

(1) Civitatibus maxima laus est quàm latissimas circùm se, vastatis finibus, solitudines habere. Hoc proprium virtutis existimant expulsos agris finitimos cedere, neque quemquam propè se audere consistere ; simul hoc se tutiores arbitrantur. (César, liv. VI, *Mœurs des Gaulois.*)

Voilà le type des premières maximes de politique extérieure.

force intérieure du corps social, de lui donner une surabondance de vie qui le forçât continuellement d'agir, d'agir contre le dehors, pour prévenir toute action contre lui-même. On ne concevoit point d'accord simple et naturel entre un état et d'autres états; il y avoit des alliances, mais point de paix.

De là, toutes ces institutions trouvées si nécessaires chez les anciens, par lesquelles se nourrissoient dans les citoyens la valeur guerrière, l'égoïsme patriotique, la haine des étrangers, l'aversion pour le repos, l'amour de la gloire et des conquêtes.

Tous les peuples ayant ainsi une espèce de force centrifuge par laquelle ils agissoient continuellement les uns sur les autres, nul ne pouvoit se conserver qu'en se mettant avec tous en équilibre, qu'en employant tous ses efforts à roidir le ressort de sa force expansive: c'étoit pour lui le seul moyen de salut, c'étoit la seule garantie de sa durée.

Mais cette tension d'esprit où il falloit continuellement se tenir, est un état violent que l'espèce humaine peut bien supporter dans un certain période de sa vie, mais dont elle devient de jour en jour moins capable; après un certain temps, à un certain degré d'avancement, la fatigue gagnoit, le ressort se relâchoit, la force devenoit moins active, l'équilibre se détruisoit, et l'état étoit bientôt englouti par un autre plus nouveau, qui s'usoit bientôt lui-même par sa propre durée.

C'est là le caractère distinctif de toutes les révolutions qui ont changé l'état des anciens peuples. Parmi les états républicains de l'antiquité, Rome étoit le plus récent; il a englouti tous les autres; il est tombé, le dernier de tous, sous des peuples si nouveaux pour la politique, qu'ils n'avoient pas même de lois.

Ce fut dans les derniers temps de la république, que le relâchement de la vigueur nationale commença à se faire sentir dans Rome. Des Grecs y venoient en foule (1) pour ins-

---

(1) . . . . non possum ferre, Quirites,
Græcam urbem.

Juvénal, *sat.* III.

truire la jeunesse; on se plaignit qu'ils affoiblissoient le nerf de la vertu romaine, on eut raison. Ces Grecs apportoient avec eux le goût des arts et de la science, et surtout la philanthropie, fruit de l'école de Socrate et de Platon. Cela n'étoit guère propre à nourrir la passion de la guerre, et le patriotisme exclusif.

Cette doctrine de l'amour des hommes faisoit de grands progrès dans la Grèce, et aussi la Grèce n'étoit plus libre; ce fut le fils de celui qui l'asservit, ce fut Alexandre, qui, le premier, la proclama comme une doctrine politique. Il fit déclarer, par un édit, que tous les gens de bien étoient parens (1).

---

(1) La police ou forme d'Estat tant estimée que Zénon a imaginée, tend presque toute à ce poinct en somme, que nous, c'est-à-dire les hommes en général, ne vivions poinct divisés par villes, peuples et nations, ains que nous estimions tous les hommes nos bourgeois et nos citoyens, et qu'il n'y ait que une sorte de vie, comme il n'y a qu'un monde. Zénon a escript cela comme un songe ou comme une idée de police ou de lois philosophiques, qu'il avoit imaginé et formé dans son cerveau. Mais Alexandre a mis à réelle exécution ce que l'autre avoit figuré par escript. Il commanda à tous les hommes vivans d'estimer la terre habitable être leur

La doctrine chrétienne parut ensuite, qui publia que tous les hommes sont frères ; mais elle ne se borna pas à l'annoncer, elle leur ordonna, au nom d'un maître commun, que tous ils se traitassent en frères.

La religion payenne faisoit un devoir du patriotisme ou de l'égoïsme national ; la religion chrétienne fit un devoir de la philanthropie : c'étoit à la fois dogme contre dogme, institution contre institution.

Le dogme de la fraternité des hommes fut le signal auquel se rallièrent toutes les âmes passionnées ; toutes s'enrôlèrent sous la religion qui le proclamoit. C'est alors qu'on vit de grands sacrifices et de beaux dévouemens. Il y avoit à lutter contre la vieille politique romaine, contre la puissance de l'Empire qui soutenoit les dieux de la patrie, les dieux qui avoient détruit Carthage (1) : les chrétiens périssoient, mais ils

---

pays, et son camp en être le château et le donjon, tous les gens de bien parens les uns des autres, et les meschans seuls estrangers. (PLUTARQUE, *De la fortune d'Alexandre*, traduction d'Amyot.)

(1) Hic cultus in leges meas orbem redegit. (*Discours de* SYMMAQUE.)

ne cédoient pas ; ce furent les Empereurs qui cédèrent.

On a beaucoup parlé de Julien, et l'on n'a jamais dit ce qu'il y avoit à dire de lui. Julien fut un prince qui se mit aux prises avec l'esprit humain, et qui tenta de l'arrêter. L'expérience a fait voir plus d'une fois que les princes n'ont pas toujours un grand succès dans ces sortes d'entreprises.

Le christianisme gagna, et les hommes devinrent frères en théorie; ils étoient encore loin de l'être en pratique.

L'homme est capable de se conduire, ou par ses sentimens, ou par ses idées; ce sont là deux mobiles de nos actions. Toutes les fois que nous agissons sans un motif bien justement apprécié par nous, bien clairement perceptible pour les autres, c'est un sentiment qui nous fait agir; et c'est une idée qui nous détermine quand le motif a été apprécié et peut être défini. Pour que notre action soit forte et durable, ces deux puissances motrices ont besoin de concourir et de s'aider.

Dans les citoyens de l'antiquité, le sentiment patriotique étoit réveillé sans cesse et fixé, pour ainsi dire, par la vue toujours présente de la servitude, de la mort, qui étoient là, à la porte de la ville, prêtes à s'y précipiter si le passage étoit forcé. Ces intérêts physiques entroient pour quelque chose dans l'amour de la patrie.

Dans les familles, le sentiment filial ou fraternel est nourri et alimenté tous les jours par un échange mutuel de bons offices. Sans la communauté des besoins et la réciprocité des services, les liens de la famille seroient trop foibles pour qu'elle restât unie.

Or, le christianisme pouvoit bien créer entre les hommes le sentiment de la fraternité, mais il n'en créoit point en même temps l'intérêt; et, à cause de cela, le but fut manqué. Dans le commencement, l'enthousiasme de la nouveauté, la persécution même, donnoient de la trempe aux âmes; on ne songeoit point à l'intérêt: plus tard, dans le repos, on y songea, on le chercha et on ne le trouva point, ou du moins on le trouva plus foible que les vieilles habitudes d'isolement. C'étoit un espoir vague, éloigné, confus, une sorte de bien-être métaphysique, indéfinissable, hors de la portée de la vie.

La vertu chrétienne fit des prodiges d'humanité, comme la vertu payenne avoit fait des prodiges de patriotisme, parce que, dans tous les siècles, il y a de grandes âmes; mais dans le cours ordinaire de la vie sociale, l'intérêt personnel, n'excitant point les peuples chrétiens à la philanthropie, comme il excitoit les peuples payens au patriotisme, l'amour de tous les hommes ne fut point chez les premiers ce qu'avoit été chez les autres l'amour d'un petit nombre, la seule base des mœurs et la règle habituelle des actions.

C'est par la multiplication des besoins et des travaux divers, que la fraternité des hommes peut devenir un objet de pratique. La véritable société chrétienne est celle où chacun produit quelque chose qui manque aux autres, lesquels produisent tout ce qui lui manque. L'intérêt d'union, c'est l'intérêt des jouissances de la vie; le moyen d'union, c'est le travail.

Ce n'est point dans les plus beaux temps de la ferveur chrétienne, que des nations liguées contre une nation qui les avoit toutes insultées, ont proclamé que l'existence de leurs ennemis leur étoit précieuse; c'est aujourd'hui, c'est dans un temps où l'on se plaint que le christianisme est oublié. Une ligue de peuples chrétiens a signalé son zèle par ses dévastations et ses cruautés; une ligue de peuples industrieux a servi ses intérêts en épargnant la nation dont elle avoit à se venger (1) : rendons grâce aux lumières qui nous rendent meilleurs.

---

(1) *L'intérêt* et *l'humanité*, pour tout esprit droit, ne sont que deux noms d'une même chose.

L'intéressé cherche son bien-être; son bien-être, par la nature des choses, se trouve dans le bien-être d'autrui; c'est là et non point ailleurs qu'il ira le chercher, s'il est sage. Le désintéressé court après le *beau moral;* le *beau moral*, où se trouve-t-il? nulle part que dans l'esprit de l'homme qui y aspire; c'est-à-dire, dans le mal comme dans le bien d'autrui, selon sa complexion et son humeur.

CHAPITRE V.

De la sûreté nationale.

C'ÉTOIT pour leur *sûreté* que les Lacédémoniens faisoient la chasse des Ilotes, c'étoit pour leur *sûreté* que les Romains faisoient la chasse des Barbares.

C'est aussi pour leur *sûreté* que les états d'aujourd'hui nourrissent ces multitudes armées qui en consomment la substance. On dit que ce sont des remparts pour l'état. Avant d'examiner si l'état a besoin de remparts, on peut demander pourquoi ces remparts de l'état ne se trouvent pas aux confins de l'état, comme les murs aux bornes d'une ville, afin d'avoir là, en face l'étranger, et derrière, la nation ; pourquoi au contraire ils sont le plus souvent placés au centre, autour de la capitale, autour du siége de l'administration suprême, ayant là, en face la nation, et derrière, le gouvernement. Est-ce que le gouvernement seroit la nation ? est-ce que la nation seroit l'étranger ?

L'homme a un besoin invincible d'agir; chez lui, la résistance même n'est point passive ; détruire pour ne point être détruit, conquérir pour n'être point conquis, voilà les relations des peuples. Il n'y a qu'action et réaction continuelle dans tout le mouvement de ce monde.

Mais s'il y a toujours action, l'action se modifie et se compose diversement selon les circonstances ; l'effet que l'on veut produire se mesure à l'effet que l'on craint d'éprouver ; l'intérêt d'un état se règle en grande partie sur les intérêts faux ou vrais des états qui l'entourent ; son intention suit leurs intentions.

Si l'on en juge par les faits, l'intérêt qui occupe aujourd'hui les peuples européens, ce n'est pas la guerre, c'est la *politique* (1) ; ce

(1) Nous ne voulons pas dire, comme on peut le voir, que les peuples s'inquiètent davantage des affaires

n'est pas de se jeter sur les peuples voisins pour se nourrir de leurs dépouilles, c'est d'empêcher qu'un peuple intérieur qu'ils nourrissent ne les dépouille eux-mêmes.

Une nation, prise à part des autres, n'a donc point maintenant ce besoin d'être guerrière, qu'elle auroit naturellement au milieu de nations intéressées à la guerre ou passionnées pour elle. Désormais, un peuple qui voudra s'autoriser à une action militaire, doit alléguer d'autres raisons que sa *sûreté*, d'autres intérêts que son existence.

S'il y a dans quelques-unes des nations européennes des intérêts qui leur commandent la guerre, c'est ce que nous ne pouvons décider d'abord, c'est ce que l'examen suivant doit montrer.

Le premier intérêt de toute nation, de tout individu, c'est d'avoir des principes et d'y con-

---

de cour, des intrigues des cabinets, de leurs manœuvres, de leurs petites vues secrètes; mais bien qu'ils s'intéressent aux choses qui les regardent, à leur bien-être, à ce qui peut l'assurer: c'est là la politique des nations.

former sa conduite : une conduite qui n'est point assujétie à des règles fixes, ne peut être qu'une suite d'hésitations, d'inconséquences, de démarches contradictoires. Les principes d'une nation, ce sont les bases établies de son organisation sociale; là doit se rapporter toute sa politique.

Il y a trois nations en Europe, dont l'organisation repose sur des bases entièrement semblables, et, conséquemment, qui ont les mêmes principes : ce sont, l'Angleterre, la France et la Hollande. Si leurs principes sont les mêmes, leur conduite politique doit être la même, car elle doit nécessairement dériver des principes. Quels sont les principes de ces trois peuples, ou bien quelle est l'essence de leur constitution sociale ?

L'organisation sociale de l'Angleterre a pour objet la liberté civile et l'industrie : ces deux objets s'y confondent de manière que l'industrie et la liberté sont à la fois cause et effet, moyen et résultat l'une à l'égard de l'autre. C'est la sûreté garantie à chacun de sa personne et de ses propriétés, qui ouvre carrière à l'activité industrielle, et c'est par les fruits de l'industrie que chacun, ne dépendant que de lui-même et de son travail, devient capable de vouloir et de maintenir sa liberté personnelle.

Or, cette organisation, fondée sur l'industrie et sur la liberté, existe aussi à la fois dans la France et dans la Hollande.

Pour un peuple dont l'industrie est l'objet, le premier de tous les intérêts c'est d'être en paix, car la guerre empêche de produire et d'acheter; elle interrompt toutes les communications, ferme toutes les routes aux échanges (1). Le second intérêt, c'est que les peu-

---

(1) Faire la guerre pour favoriser le *commerce*, c'est aller directement contre son but, c'est tomber dans une contradiction. Le commerce ne se gagne point, ne se retient point par les armes; il est le prix de l'industrie, et c'est par l'industrie qu'on le conserve : toute guerre est nuisible à l'industrie, car elle arrête la production; elle est donc nuisible au commerce.

D'ailleurs, qu'est-ce que le commerce extérieur pour un état, en comparaison du commerce intérieur, du commerce domestique, dont certes on ne peut pas dire qu'il ait besoin de la guerre? Le commerce extérieur de l'Angleterre, selon les calculs de Pitt, ne rapporte pas plus de 10 millions sterling : s'imagine-t-on que c'est pour protéger ce commerce, que l'Angleterre

ples voisins soient en paix entre eux, afin qu'ils se trouvent toujours en état de remplir leurs engagemens contractés.

L'action d'un peuple industrieux la plus conforme à ses intérêts, c'est donc qu'il se tienne en paix et qu'il maintienne la paix autour de lui.

Pour un peuple dont la liberté est l'objet, le plus grand fléau c'est la guerre. Toute organisation militaire, dans une nation, pèse sur la nation de tout le poids qu'elle pèse sur le dehors; chaque homme enrôlé est un instrument de plus dans la main du pouvoir. En temps de guerre, les lois conservatrices de la liberté sont suspendues; à la faveur de la diversion, des abus s'introduisent, les abus exis-

---

entretient sa marine, que c'est pour s'assurer un revenu annuel de 10 millions qu'elle en dépense par an plus de 60? Il se peut qu'il y ait des têtes angloises qui pensent ainsi; mais ce seroit faire injure au bon sens humain, que de croire que, durant tant d'années, avec la liberté des débats et de la presse, un pareil établissement de marine eût pu continuer d'être soutenu par le gouvernement de la Grande-Bretagne, s'il n'y eût pas eu d'autres motifs que le commerce, comme en effet il y en avoit d'autres.

tans se fortifient, ils se font respecter, parce qu'on craint de s'affoiblir, si l'on y touche : à chaque nouvelle guerre, les anciens stathouders de la Hollande mettoient un pied en avant sur la liberté du peuple ; et si la réforme du parlement est encore demandée en Angleterre, la seule cause en est l'état de guerre.

La liberté, comme l'industrie, chez les modernes, ne peut donc subsister que par la paix.

Et de même que, pour un peuple industrieux, il n'y a d'action utile sur les autres peuples, que d'y propager son industrie ; de même aussi, pour un peuple libre, la seule action utile à sa liberté, c'est qu'il la propage (1).

C'est là tout l'intérêt d'action des trois peu-

---

(1) Une nation libre ne peut trouver d'appui que dans des nations libres comme elle. Tout gouvernement absolu, ou qui tend à l'être, est pour elle un ennemi, sous quelques dehors qu'il se cache. Et cette vérité est bien vieille, car on la trouve déjà dans Tite-Live.

Liberi populi aliorum libertatis causam libenter agunt ; reges, *serva* omnia et *subjecta* imperio suo esse volunt. (Tite-Live, livre XXXVIII.)

ples que nous avons désignés, c'est là toute leur politique.

Cet intérêt commun les unit par la force des chôses : il fait de chacun d'eux un allié naturel des autres; il fait de tous ensemble un peuple de peuples, dont l'objet est le repos, la liberté, l'industrie, en un seul mot, la civilisation de l'Europe.

Et cette confédération est assez forte pour se maintenir et agir en sûreté; le reste des nations s'uniroit pour l'empêcher, qu'elles ne le pourroient pas.

Mais le reste des nations ne peut s'unir, parce qu'il n'y a point aujourd'hui d'intérêt présent commun à toutes : le reste des nations ne peut s'unir dans cette vue, parce qu'il y en a plusieurs dont l'intérêt véritable est le parti contraire.

L'Allemagne se remplit peu à peu de constitutions parlementaires (1), et elle tend tout

(1) La monarchie *parlementaire* de l'Angleterre, de la France, de la Hollande, est une sorte de régime

entière à ce régime. L'Italie fait des efforts pour y venir : l'Espagne en a fait et elle en fera : voilà donc encore trois nations liées ensemble par le sentiment d'un besoin commun; c'est une confédération nouvelle, dont l'objet est d'obtenir ce que la première a pour objet de maintenir.

La conduite politique de l'Angleterre, de la France et de la Hollande considérées comme un corps à part, à l'égard de l'Allemagne, de l'Italie et de l'Espagne considérées comme un autre corps à part, doit être de les protéger dans la recherche de leur liberté; de leur prêter l'appui de leur force contre tout obstacle du dehors, et le secours de leurs lumières contre tout obstacle qui seroit en elles-mêmes.

La conduite de celles-ci à l'égard des pre-

---

industriel; la République *parlementaire* des États-Unis est aussi une sorte de régime *industriel;* mais il y a de grandes différences entre ces deux formes de gouvernement dans leurs rapports avec l'industrie. Nous traiterons plus tard de ces différences.

L'Europe fait son entrée dans le régime *industriel*, par la monarchie *parlementaire*.

mières, c'est de se ménager, par tous les moyens possibles, et le soutien de leur puissance, et l'intimité de leur commerce.

Enfin, leurs relations mutuelles doivent être, par la force de leurs besoins communs, les relations de citoyens d'un même peuple, de membres d'un même corps, l'union, le concert, l'amitié.

La vérité est simple et claire; l'erreur est obscure; elle se replie sur elle-même, et s'embarrasse pour échapper. Ces grands intérêts des nations sortent, d'eux-mêmes, de la nature des choses; pour les découvrir, il ne faut que les chercher. Mais il y a des fantômes d'intérêts, intérêts de préjugés, intérêts de familles, intérêts de personnes, qui s'élèvent comme un nuage au-dessus de la vieille Europe, et arrêtent le regard qui voudroit percer jusqu'au vrai. C'est dans ces ténèbres que la politique du jour va puiser ses lumières; et les peuples hébêtés d'entendre toujours parler de leur intérêt, s'imaginent, à la fin, que c'est bien de leur intérêt qu'on parle. Il ne manque pas de grands esprits, qu'on doit du moins croire tels, car tous les jours ils embrouillent de grandes affaires, qui prouvent, au besoin, aux nations que leur intérêt le plus sacré est que le *domaine* soit arrondi, et la couronne riche et enviée; que tel prince qui n'étoit qu'un sot, s'étant laissé battre il y a trois cents ans, les enfans de ceux qui l'ont battu sont nos ennemis naturels, et qu'il est de notre honneur de nous ruiner pour les punir d'avoir été braves (1); que la liberté est dangereuse et l'in-

---

(1) Qu'est-ce que les haines nationales? C'est le souvenir de vieilles hostilités, dont les causes ont depuis long-temps disparu, et où les nations presque toujours n'ont figuré que comme instrumens. Une misérable querelle de succession entre deux princes a produit la haine de la France et de l'Angleterre. Des efforts faits de part et d'autre pour arriver au but ridicule d'un monopole exclusif, ont produit la haine de l'Angleterre et de la Hollande. Les folles conquêtes de Louis XIV ont produit la haine de la Hollande contre la France. Que reste-t-il aujourd'hui de ces rivalités? Rien; et les passions vivent encore!

Les soldats qui servoient la querelle d'Edouard et de Philippe, pouvoient se haïr; ils pouvoient, par des propos violens, exprimer la violence de leur haine: que nous importe cela maintenant? S'il y a un mot qu'un Anglois, qu'un François qui pense, doive porter aujourd'hui dans le cœur et sur les lèvres, c'est ce

dustrie méprisable, ou bien qu'il faut réserver pour soi sa liberté et son industrie, et se garder bien d'en rien laisser passer aux autres. Voilà ce qu'ils disent, et, lorsqu'on leur demande pourquoi ils mentent si impudemment à la bonne foi et au bon sens, ils répondent : Nous sommes payés pour cela.

Par le fait, l'Angleterre, la France et la Hollande, forment une confédération; par le fait, l'Allemagne, l'Italie et l'Espagne en forment une autre; par le fait, ces deux confédérations, prises ensemble, forment un corps d'États, un système, où chaque partie a ses rapports nécessaires et déterminés, qui la rattachent aux autres. La force n'entrant pour rien dans ces rapports, nul de ces États n'a besoin d'une force qui lui soit propre; il doit seulement concourir pour sa part à la force commune, laquelle, destinée à protéger le corps entier, est nécessairement reléguée aux extrémités.

La barbarie seule est conquérante; c'est

---

beau mot du comte d'Oxford : « De deux peuples, ne » faisons qu'un peuple d'amis » : *ex duabus gentibus, faciamus unam gentem amicissimam.*

contre la barbarie que la force est encore utile, comme une barrière qui lui coupe le chemin. Où finit la civilisation, où commence la grossièreté inculte, là doivent être les remparts de l'Europe, et les seuls remparts en Europe.

Il n'y a, dans les limites du territoire européen, tel qu'on le mesure maintenant, qu'un seul État en deça duquel soient posées les bornes de la véritable Europe, c'est la Russie. Rousseau croyoit qu'il viendroit infailliblement un jour où les Tartares se jetteroient sur la Russie, et la pousseroient contre l'Europe, comme les peuples du Nord, dans leurs invasions, chassoient vers l'Empire romain tout ce qui se rencontroit sur leur passage. Aujourd'hui, on redoute la puissance toujours croissante du gouvernement russe.

La ville du gouvernement russe, *Pétersbourg*, est une ville européenne; la ville de la nation russe, *Moscow*, est une ville asiatique: la population entière est divisée entre ces deux points de ralliement : tout ce qui tient plus à la cour qu'aux provinces, est dans le parti de l'Europe contre l'Asie; tout ce qui tient plus aux provinces qu'à la cour, est dans le parti de l'Asie contre l'Europe.

Chaque seigneur féodal en Russie, est presque un souverain étranger à l'égard du chef de l'Empire ; chaque paysan, vivant sur les terres d'un seigneur, est sujet dépendant du seigneur : l'Empire n'a de dépendans immédiats que ses délégués et ses soldats : pour lui, compter ses armées, c'est compter ses sujets.

L'Empire russe n'a que deux moyens de se soutenir, la puissance militaire et des liaisons en Europe. En même temps que ces liaisons lui donneront la force, elles lui donneront la civilisation, autre genre de force qui lui est plus utile encore que l'autre, car elle dénature la barbarie, quand la première ne fait que la contenir.

L'action du gouvernement russe et de la civilisation, aura-t-elle subjugué la *Moscovie*, avant que celle-ci ait pu se rallier, subjuguer l'Empire, et se jeter sur l'Europe ? Voilà la question.

Quoi qu'il puisse arriver, la conduite que doit tenir l'Europe à cet égard n'est point douteuse. L'Empire russe lutte au sein de la

Moscovie pour la civilisation européenne, il faut l'y soutenir; l'Empire russe pourroit vouloir se déborder sur l'Europe : pour échapper à cette lutte et subsister sans combattre, il faut lui opposer des digues qui le contiennent.

CHAPITRE VI.

Des Systèmes politiques.

Depuis que l'isolement national a cessé d'être absolu en Europe, par la généralisation des idées dans les peuples, l'Europe a formé constamment un *système politique ;* c'est-à-dire que toujours il y a eu des rapports réglés entre les nations qui la composent. Les rapports ont varié, les *systèmes* ont changé de nature.

Le christianisme, par le seul fait de son universalité en Europe, a produit le premier *système* européen. Ce système n'établissoit entre les peuples que des rapports vagues de sentiment, sans intérêt positif ni d'union ni d'opposition, ce qui abandonnoit leurs relations actives au flux et au reflux des opinions et des passions. Mais aussi tous les États se trouvoient placés dans une situation fixe de dépendance à l'égard d'un état particulier dont la volonté agissoit sur les volontés de tous les autres, c'étoit l'État romain. Lorsqu'il se présentoit un objet commun à poursuivre, l'autorité de la Cour de Rome pouvoit réunir fortement l'Europe et en faire un seul corps, mais seulement pour un temps, et tant que subsistoit l'objet : dans le cours ordinaire des choses, l'individualité prévaloit. On a vu en effet dans le *système catholique*, toutes les nations européennes, rapprochées violemment par une opinion partie de Rome, agir de concert et d'un mouvement commun, puis après, retomber comme auparavant dans la personnalité.

Ce *système* commença d'exister au huitième siècle, lorsque toute l'Europe occidentale fut catholique; il finit au quinzième, lorsque, par la Réforme, elle se partagea en deux sectes rivales.

Cette division, une fois fixée, produisoit, par le fait, une autre espèce de *système* européen. L'intérêt de la Réforme unissoit les Etats protestans, et en faisoit une confédération à part; l'intérêt du papisme unissoit les Etats catholiques, et en faisoit une autre confédération à part : ces deux ligues étoient nécessairement ennemies par la nature de leurs intérêts opposés : mais aussi chacune d'elles étoit d'autant plus unie en elle-même, que cette inimitié étoit plus forte. Ainsi, il y avoit à la fois rapprochement nécessaire et désunion nécessaire. C'étoit la paix privée, garantie par la guerre publique.

Le *système* de l'unité religieuse est tombé quand l'intérêt religieux a cessé d'être un ; le *système* de l'équilibre religieux est tombé dès que l'intérêt politique a prévalu sur l'intérêt religieux.

L'intérêt politique, long-temps débattu, est fixé enfin par le résultat de la Révolution françoise, et ramené à sa véritable nature; c'est l'intérêt de la liberté civile et l'intérêt de l'industrie nationale : de là résulte, par le fait, un *système politique* en Europe.

C'est un fait, comme nous l'avons dit, que l'Angleterre, la France et la Hollande vivent sous le régime parlementaire, sous le régime *industriel :* or, personne ne peut nier que ce régime ne doive s'établir plus complétement et plus solidement en Europe, à mesure qu'il y sera plus généralement établi. Donc l'Angleterre, la France et la Hollande ont entre elles un intérêt commun, l'intérêt de propager le régime parlementaire.

C'est un fait que l'Allemagne, l'Italie et l'Espagne désirent pour elles le régime parlementaire : donc l'Allemagne, l'Italie et l'Espagne ont aussi entre elles un intérêt commun.

Voilà donc deux confédérations formées par deux intérêts séparés, comme les deux confédérations du *système d'équilibre :* mais il y a cette différence, que la confédération protestante et la confédération catholique avoient entre elles un intérêt d'opposition, tandis que les deux confédérations politiques ont entre elles un intérêt de rapprochement et d'union, l'une ayant besoin d'être protégée par l'autre, l'autre ayant besoin de protéger celle-là.

Voilà tout le *système* présent de l'Europe. Quant aux autres peuples, ils sont neutres ou ennemis ; ils ne pourront entrer en ligne de compte qu'en entrant dans l'intérêt de la liberté et de l'industrie.

Ce *système* existe, car les rapports des nations existent tels que nous venons de dire : mais qu'on agisse d'après ces rapports, que même seulement on les reconnoisse, c'est trop vouloir, nous n'y prétendons pas.

On regarde l'Europe, on y voit des empires, des royaumes, des principautés, des seigneuries et point de nations : tout cela est combiné ensemble au hasard, uni ou divisé par de vieilles amitiés, de vieilles haines d'habitude, de vieilles prétentions, des alliances de famille, des parentés, des mariages. Au travers de ce chaos, comment est-il possible de voir un ordre? Tous ces personnages qui occupent le haut du théâtre cachent les peuples derrière leurs larges manteaux; et le fracas de leurs querelles, et le fracas de leurs alliances, étouffent la voix qui s'élève pour attester les intérêts des hommes.

Si nous voulions parler aux nations qui sont derrière la scène, nous leur dirions de s'ordonner en silence selon leurs intérêts véritables, et de ne prendre parti pour les personnages qu'autant que nous prenons parti pour les héros de nos théâtres : les acteurs laissés à eux-mêmes ne soutiendroient pas long-temps leurs rôles, et la scène seroit bientôt vide : alors, ce seroit aux nations de figurer.

A voir les choses d'un œil ferme, la guerre n'a plus de place dans le système intérieur de l'Europe, elle n'y existe plus que comme une action du corps entier sur le dehors; et pourtant, il y aura encore des guerres intestines: il y aura des guerres, parce qu'il y a encore des soldats : mais les soldats ne sont point les peuples : on pourra voir aux prises soldats contre soldats, nations contre soldats, mais non plus nations contre nations.

Ces troubles même et ce tumulte hâteront le moment de l'ordre et du repos; les soldats et leurs chefs, comme les guerriers de Cadmus, se détruiront les uns par les autres; ils mourront; mais les nations vivront, et vivront libres.

CHAPITRE VII.

De la Richesse nationale.

Dans toute association formée pour une entreprise d'industrie quelconque, c'est par les capitaux placés dans l'entreprise et par l'industrie des associés qui travaillent sur ces capitaux, que se produit le profit ou la *richesse*. La société recueille de la *richesse*, des *valeurs produites*, en proportion de ses capitaux et de son industrie.

Ces valeurs ainsi produites composent le revenu de l'entreprise ; ce revenu se distribue entre chacun des associés, dont la part obtenue forme le revenu particulier. La part ou le revenu de chacun individuellement, se mesure au taux des capitaux ou des services industriels qu'il a mis en commun. Plus de capitaux, plus d'industrie apportés donnent nécessairement une plus grande part, un revenu plus considérable. Ce moyen d'obtenir davantage est infaillible, et il est le seul.

Une nation n'est autre chose qu'une grande société d'industrie. L'entreprise sociale a pour objet la satisfaction des besoins de tous ; la *richesse* qui satisfait aux besoins de tous, s'y produit, comme dans l'entreprise particulière, par le concours des capitaux et de l'industrie publique.

Le revenu national est divisé entre tous les citoyens, et la part de chacun est son revenu privé. Chaque citoyen reçoit d'autant plus en partage, qu'il a plus contribué à la production, qu'il a engagé plus de capitaux et exercé plus d'industrie.

La réunion de tous ceux qui travaillent, dans un pays, est une grande société industrielle qui embrasse toutes les sociétés industrielles renfermées dans les bornes du pays. La réunion de tous ceux qui travaillent, dans le monde, est aussi une grande société d'industrie qui embrasse à la fois toutes les sociétés nationales; l'entreprise est la même, c'est toujours de produire.

Par la nature des choses, et comme il arrive dans toute entreprise industrielle, le revenu de l'univers se produit par le concours de l'industrie et des capitaux de tous les peuples. Par la nature des choses, il se partage, et, d'un cours naturel, va se rendre dans chaque peuple, en proportion des capitaux et de l'industrie qu'il a mis en commun.

Les capitaux et l'industrie, voilà donc les organes naturels de la création des *richesses* : un peuple qui les possède s'enrichit nécessairement; un peuple qui ne les a pas, reste nécessairement pauvre.

Mais ces organes sont délicats; ils ne veulent point qu'on les touche; ils se développent et agissent d'eux-mêmes; tout instrument qu'on y applique les blesse, toute force étrangère qu'on fait venir à leur aide, loin d'ajouter à leur force, la paralyse; loin de servir à leur action, la trouble et la déconcerte.

Nous avons dit que la somme de *richesse*

produite par le genre humain travaillant, se partageoit entre chaque peuple selon ses capitaux et son industrie ; que ce partage se faisoit de soi-même, nécessairement et d'une manière exacte.

Supposons maintenant, qu'une nation voulût se rendre le partage plus favorable, obtenir plus en apportant moins, faire entrer dans son revenu privé une part du revenu public destinée à une autre nation ; en d'autres termes, s'*enrichir* davantage sans accumuler plus de capitaux productifs, sans exercer plus d'industrie productive.

Pour cela, il faut une force, et une force physique, c'est-à-dire des armes et des bras ; car on doit s'attendre à une résistance de la part des autres nations : or, ici déjà, le calcul est en défaut. On a cru qu'on laisseroit intacts son industrie et ses capitaux, et que seulement on auroit un moyen de plus ; point du tout ; c'est un moyen qui se crée aux dépens des deux autres : il faut perdre sur le travail productif le travail des hommes qu'on emploie, perdre sur les valeurs capitales le salaire de ces hommes et le prix des machines de guerre.

La force une fois créée, il s'agit de l'appliquer. On bâtira sans doute la première application sur le raisonnement suivant.

« C'est la concurrence des vendeurs qui fixe
» à son point le prix d'un produit; en nous
» délivrant de la concurrence et en débitant
» seuls, nous ferons hausser à volonté le prix
» de notre marchandise, nous multiplierons à
» volonté les profits de notre commerce. »

Ayant ainsi raisonné, et se fiant à ce raisonnement, on cherchera l'espèce de produits dont le monopole pourroit être le plus facile et le plus sûr. Les denrées coloniales étant données par un seul pays et d'un usage universel dans le monde, c'est sur elles que la vue s'arrêtera.

De deux choses on fera l'une: ou l'on s'emparera du pays, afin de l'exploiter pour son compte, ou l'on en gardera toutes les avenues, afin de s'en réserver exclusivement le commerce.

Ce plan ne s'exécutera point sans la dépense d'une armée, de cantonnemens dans le pays pour cette armée, de flottes pour garder les passages, de flottes pour protéger les vaisseaux de transport, d'une administration civile pour gouverner le pays, ou pour y maintenir les conditions du commerce, etc., etc.

Toutes les sommes nécessaires pour ces frais énormes seront prises sur les capitaux productifs, dont le décroissement fera nécessairement décroître en même proportion la somme du revenu national; mais la difficulté est petite, si l'on doit gagner plus à l'entreprise qu'on ne dépense à ces apprêts, si le monopole, en un mot, remplit le vide avec excès. Mais si le monopole n'est qu'un leurre.....

La marchandise mise en vente sans concurrence de vendeurs, hausse de prix; nul doute à cela; mais à mesure que son prix s'élève, le nombre des acheteurs diminue: que le prix s'élève de plus en plus, et bientôt plus de demande, plus de vente, plus de profits pour le monopoleur, à moins qu'il ne fasse redescendre la marchandise au niveau de son prix naturel; peut-être un peu moins bas: mais est-ce bien là ce qu'on s'étoit promis? est-ce pour ce résultat mesquin qu'on s'est accablé de dépenses? qu'on s'est fait des ennemis? qu'on s'est fermé une partie du chemin qui conduit sûrement à la richesse ?

Pour qu'un peuple monopoleur vît réaliser ses espérances, il faudroit, quand il fait hausser le prix d'un produit, qu'il donnât en même temps aux autres peuples le moyen de le payer plus cher. Si le monopoleur n'a pas le pouvoir de créer chez les autres la *richesse*, pour la faire refluer chez lui, le monopole n'est qu'un sot calcul, comme c'est un calcul immoral.

Un autre raisonnement seroit celui-ci :

« La concurrence des producteurs fait que
» chacun est exposé continuellement à perdre
» les débouchés de ses produits ; un débouché
» assuré, exclusif, donneroit à la fois de la sé-
» curité et de gros bénéfices, à la faveur du
» monopole. »

La pratique est simple. On s'assure la possession de différens points du globe, on y établit, sous une administration dépendante de soi, une réunion de consommateurs que l'on grossit autant que l'on peut ; cela s'appelle une colonie. On ferme les entrées de la colonie à toute produit étranger, on gêne par des vexations les étrangers qui veulent vendre et les colons qui veulent acheter. Ces vexations n'ont lieu qu'au moyen d'armées, de flottes, de douanes, c'est-à-dire encore de dépenses énormes.

En supposant qu'on réussisse, on vend seul à la colonie; on lui vend plus haut que le prix naturel; cet excès rend le bénéfice plus grand : voilà l'avantage. Les sujets de la métropole ont fait un bénéfice aux dépens des colons.

Mais les colons sont aussi sujets de la métropole; c'est donc un impôt levé par une partie des sujets sur l'autre; la perte détruit donc le gain; le bénéfice est donc nul, non pas, il est vrai, pour l'individu qui l'a fait, mais pour l'État (1).

---

(1) En retour, la métropole s'oblige à acheter exclusivement des Colons leurs denrées. Ainsi, elle leur donne un monopole sur elle : ils en profitent, ils lui vendent aussi *plus haut que le prix.*

Est-ce pour leur bien mutuel que la métropole et la colonie sont liées l'une à l'autre ? Mais chacune d'elles est vexée à cause de l'autre; mais chacune d'elles perd

« Le vendeur, se dira-t-on encore, pré-
» lève sur l'acheteur les profits de sa vente;
» ce qu'il gagne, l'acheteur le perd; gagner
» beaucoup sur les autres, et leur laisser peu
» gagner sur soi; vendre beaucoup et acheter
» peu, ce seroit avoir tout l'avantage du com-
» merce. »

D'après cela, il y a deux choses à faire; d'abord de fermer, autant qu'on pourra, la voie aux produits étrangers, et de l'élargir aux produits nationaux.

On s'entourera donc d'une armée de visiteurs, de douaniers, de soldats; on aura un système réglé d'impôts, d'amendes à lever sur chaque produit de l'étranger, afin de ne recevoir de ces produits, que ce qu'on voudra bien en recevoir: cela est facile à organiser. Il suffit d'arracher aux travaux utiles et honnêtes vingt mille hommes, dont on fera des officiers et des soldats du fisc, c'est-à-dire des ennemis armés de tous les intérêts des ci-

dans les marchés qu'elle fait avec l'autre: pour qui donc est l'avantage? Probablement pour ceux qui *réglementent*.

toyens laborieux, aux dépens de qui ils vivront; vingt mille hommes qu'on dévouera à la haine et au mépris publics, qu'on dépravera en les avilissant.

Mais si l'on peut contraindre par la force les marchands étrangers à ne pas vendre aux nationaux; si l'on peut contraindre les nationaux à ne pas acheter de l'étranger, comment contraindre l'étranger à acheter des marchands nationaux? La violence est ici hors de propos, l'attrait seul peut agir; c'est une faveur qu'on désire; le seul moyen de l'obtenir, c'est de la payer.

On paye donc l'étranger pour qu'il veuille bien s'approvisionner des denrées nationales; et cette absurdité n'est point une supposition, c'est une mesure continuellement suivie: les gratifications données aux marchands qui exportent, les primes, les remboursemens de droits, *draw-backs*, comme on les appelle en Angleterre, ne sont autre chose que des gratifications pour les acheteurs étrangers; car le négociant qui les reçoit, peut, sans perte pour lui-même, donner sa marchandise dans l'étranger, au-dessous du prix qu'elle lui coûte, au-dessous des frais de production, ce qu'il ne manque jamais de faire pour s'assurer la préférence : le négociant y trouve encore son compte ; mais la nation...... ?

Ce n'est pas tout, venons aux résultats. Par les mesures prohibitives, on a privé toutes les autres nations d'une portion plus ou moins grande des profits de leur industrie agricole, manufacturière et commerciale; on a arrêté en elles un certain accroissement de *richesse* : cela va à l'objet, dira-t-on peut-être ; mais qu'on sache donc que cet accroissement de richesse auroit produit une plus grande demande des denrées qu'on exporte; que cette plus grande demande auroit produit de nouveaux débouchés qu'on s'est fermés soi-même.

La nation dont on a prohibé les marchandises, usera à son tour de représailles; elle prohibera les vôtres; elle vous privera aussi à son égard, de tout commerce extérieur, de ce commerce extérieur pour lequel vous aviez pris toutes ces peines et prodigué tant de dépenses.

Vouloir tout conduire, tout soumettre à

des règles, à des calculs, c'est la plus grande des folies humaines. Le commerce se développe de lui-même, et par une force intérieure, comme les corps de la nature; presser le développement par une action étrangère, c'est l'arrêter, c'est tuer le corps.

Qu'on regarde comment les choses se passent dans le cours ordinaire de la vie et dans le commerce des individus, et l'on y verra, comme dans un miroir, toutes les circonstances diverses des transactions et du commerce des peuples. Où il n'y a point de *richesses*, l'homme industrieux végète, quoiqu'il n'ait pas un seul concurrent; où il y a de l'opulence, il *s'enrichit*, malgré la concurrence de mille industrieux comme lui. C'est là le fait le plus général et le plus certain de tous les faits du commerce.

Aussitôt qu'un marchand a amassé un petit capital dans le fond de quelque province où l'on produit peu, s'y établit-il en faisant ce raisonnement qu'on a tout à vendre à qui n'a rien ? Il y a plus de bon sens dans son intérêt; il va où l'on produit beaucoup, parce que là seulement on achète beaucoup, dans une ville grande et riche, à Paris, à Londres, à Amsterdam.

Les pauvres habitans de l'Auvergne et de la Savoie accourent en foule à Paris pour y acquérir un pécule : voit-on les habitans de Paris émigrer en Auvergne pour y chercher la fortune ?

Les nations veulent - elles des faits tirés d'elles-mêmes ? Il y en a en foule qui se présentent. La Russie, depuis sa naissance, il y a cent cinquante ans, a eu des rapports constans de commerce avec les deux nations les plus riches de l'Europe, la Hollande et l'Angleterre. La Russie en est-elle devenue plus pauvre, ou bien y a-t-elle gagné ? Est-ce de ses voisins sauvages et pauvres, des Tartares ou des Samoyèdes, qu'elle a tiré et qu'elle tire encore des capitaux pour ses établissemens d'industrie ? C'est en commerçant avec l'Angleterre que les États-Unis ont acquis de quoi conquérir leur liberté sur l'Angleterre.

Plus il y a de peuples riches, plus il y a de moyens de richesse pour les peuples. C'est une vérité évidente en politique, que chacun est personnellement intéressé à la prospérité de tous; que ce que chacun gagne tourne au profit de tous, et ce que chacun perd au détriment de tous.

Du travail, de l'économie, voilà les deux puissances productives des *richesses*. La force est un ingrédient étranger qui corrompt tout s'il se glisse, qui produit la détresse par l'immoralité (1). Le monopole, les colonies, les prohibitions, ont ensanglanté les terres et les mers, dévoré les fruits et les alimens de l'industrie ; et quels profits jamais en a-t-on tirés ?

La seule guerre d'Amérique a grevé l'industrie et le commerce de l'Angleterre de 9,143,913 liv. sterlings ou 210,309,999 liv. de

---

(1) Vous ne pouvez vous suffire à vous-mêmes, chaque jour vous en devenez moins capables, chaque jour vous avez plus besoin des autres. Il y a pour vous deux partis, c'est de les contraindre ou de les attirer. Il y a deux états où vous pouvez les mettre à votre égard, c'est qu'ils vous rendent service à regret, ou qu'ils viennent d'eux-mêmes au-devant de vos besoins. Que l'intérêt choisisse.

rentes; il en est résulté la liberté de l'Amérique, c'est-à-dire, un bien que l'Angleterre pouvoit obtenir sans frais et avec gloire.

A force de guerres, de crimes, de profusions dans l'Inde, l'Angleterre y a fondé un royaume; ce royaume, dont les contributions, selon M. de Humboldt, sont de 43,000,000 st., rapporte à l'Angleterre un revenu net de 3,000,000.

Qu'on lise l'histoire de toutes les Colonies, de tous les établissemens lointains de tous les peuples, on verra les mêmes faits se reproduire; de grandes pertes, de grandes infamies pour un misérable gain, pour la centième partie de ce que donne le commerce honnête, le commerce libéral, le commerce qui porte l'aisance et le bonheur dans tous les lieux où il pénètre.

Le travail de la production des *richesses* dans une nation, est un travail intérieur; il est tout entier dans l'action du peuple sur soi-même : toute espèce d'action sur les autres peuples, dans la vue d'acquérir, est une mauvaise spéculation, hors dans un seul cas; c'est lorsqu'on va leur porter, leur enseigner l'industrie. L'industrieux consomme et paye; l'ignorant grossier a peu de besoins, et quand il a besoin il vole.

On a appelé plus d'une fois l'attention des peuples européens sur de vastes étendues de terre placées aux portes de l'Europe, qui sont incultes et qui s'offrent à produire. Les côtes de l'Afrique n'attendent que des capitaux pour donner en abondance toutes ces denrées, que, selon la remarque de M. Say, on appelle mal à propos *coloniales*, et qui sont des produits des Tropiques (1). Ce seroit un grand objet d'intérêt national, d'intérêt européen, d'intérêt de l'humanité, car ces trois mots veulent dire la même chose, que d'y fonder des établissemens de culture. Nous n'entendons point par là qu'on y fasse croître, comme on l'a fait ailleurs, avec le coton et le sucre, l'esclavage, les vexations et la misère, mais le travail libre, se nourrissant lui-même, et jouissant de ses fruits en même temps qu'il en fait jouir.

Qu'est-ce que l'homme demande aux hom-

---

(1) *Traité d'économie politique*, tom. Ier, pag. 289.

mes? La liberté; la liberté de disposer de ses bras, de son industrie, de ses biens. Fais chacun aussi libre que tu veux l'être; voilà toute la morale. Sois juste, sois bon, aime les hommes, ce sont des préceptes trop vagues et qui trop facilement viennent s'accommoder avec nos passions déréglées. La justice, c'est le droit, et le droit, tout d'un coup, fait d'un homme la propriété d'un autre homme. J'agis selon mes droits, je te vends, je suis juste. Je puis te tuer, et je te fais mon esclave; je puis prendre pour moi tout ton bien, et je t'en laisse la vingtième partie, je suis bon envers toi. J'aime mon cheval, mais j'aime la chasse, je crève mon cheval: j'aime mes sujets, mais j'aime la gloire.....

Tout homme qui n'est pas idiot ni perclus, n'a besoin que de liberté pour vivre. « La » protection, disent quelques-uns, est néces- » saire; la protection c'est la sûreté garantie; » la garantie de la sûreté est dans un pouvoir » supérieur; plus le pouvoir est grand, plus » la sûreté est grande; ce qu'il y a de meil- » leur pour les hommes, c'est d'être soumis à » un pouvoir. » Ce raisonnement revient à celui-ci: « Tout homme a à craindre l'appro- » che des autres hommes; des murs et une

» porte de fer entre lui et les autres, sont une
» garantie contre cette crainte; plus la prison
» sera étroite, plus la garantie sera sûre; le
» premier besoin des hommes, c'est la prison. »

On conçoit que parmi les sauvages de la Tartarie un homme ait besoin de sûreté contre les autres; qu'il ait besoin d'être protégé, d'être resserré pour son bien; mais en France, mais en Angleterre, mais en Europe, est-ce que l'approche de l'homme seroit un sujet de crainte pour l'homme? est-ce que partout où il y a des besoins communs, le premier intérêt de chacun n'est pas, au contraire, que nulle puissance ne s'interpose entre lui et ses semblables? est-ce que partout où l'on travaille, tout homme travaillant n'est pas en sûreté, sous la protection de son industrie?

CHAPITRE VIII.

De la Valeur nationale.

Lorsqu'un homme, avec de petits moyens physiques, exerce une grande action, ou surmonte de grands obstacles physiques, on attribue cette puissance à une force morale, qui existe en lui et qu'on appelle *valeur*.

Lorsqu'une nation, petite et foible en apparence, en domine d'autres qui semblent plus grandes et plus puissantes, on leur résiste avec succès; on reconnoît aussi dans cette nation une force morale intérieure qui lui fait produire ces effets disproportionnés à ses moyens; on dit qu'elle a de la *valeur*.

La valeur est la plus haute qualité des peuples, c'est elle aussi qu'on a le plus vantée.

Sparte, une simple ville, faisant trembler l'Empire persan ; les communautés de la Lombardie, de simples villes aussi, tenant tête à tout l'Empire germanique ; quelques poignées de fabricans et de pêcheurs réfugiés dans les marais de la Batavie, et soutenant là, de pied ferme, le double choc des flottes et des armées de Philippe II, voilà les traits les plus admirés de l'Histoire, voilà les effets de la *valeur*.

La *valeur*, comme toutes les qualités morales, ne se manifeste que par des faits extérieurs ; mais ces faits, qui découvrent qu'elle existe, ne découvrent point comment elle existe, ce qu'elle est, d'où elle provient, quelle en est l'essence, le principe, la cause. Si tel peuple a eu de la *valeur*, c'est une question d'histoire ; il suffit pour y répondre de dire ce qu'a fait ce peuple. D'où venoit à tel peuple sa *valeur* ? c'est une question de politique. Pour la résoudre, il faut entrer dans l'examen des circonstances, du caractère, des occupations, des institutions de ce peuple.

Si l'on veut aller plus loin et se demander d'où vient en général la *valeur* dans un peuple, ce qui la donne, ce qui la fortifie, il faut rassembler les faits particuliers du moral de chaque peuple qui répondent à cette qualité, et les comparer tous ensemble; si aucun fait important n'est omis, le résultat de la comparaison sera la solution du problème.

Rousseau s'est beaucoup étudié à faire sentir qu'il y a dans certaines nations une *valeur* personnelle, indépendante de tout appareil extérieur de puissance, et ne devant rien ni à la richesse ni au nombre du peuple.

« Sparte n'étoit qu'une ville, et cette ville » donna des lois à la Grèce, dont elle devint la » capitale, et fit trembler l'Asie (1).

» La monarchie de Cyrus fut conquise avec » trente mille hommes, par un prince plus » pauvre que le moindre des satrapes de Perse.

» Deux fameuses républiques se disputèrent » l'Empire du monde; l'une étoit très-riche, » l'autre n'avoit rien, et ce fut celle-ci qui détrui-

(1) Rousseau. *Gouvernement de Pologne.*

» sit l'autre : l'Empire romain, à son tour, après
» avoir englouti toutes les richesses de l'Uni-
» vers, fut la proie de gens qui ne savoient
» pas même ce que c'étoit que richesse (1). »

Rousseau cite ces traits comme des exemples de *valeur nationale.* Il trouve les causes de cette valeur dans l'énergie des mœurs guerrières, dans l'exercice continuel des armes, dans ces institutions qui rappeloient incessamment à chaque citoyen la patrie, c'est-à-dire, des hommes qu'il devoit défendre, et d'autres d'hommes qu'il devoit combattre.

Les sciences, les arts, les métiers, toutes les occupations tranquilles qui ôtent à la fois le temps de se livrer aux exercices de la guerre, en dégoûtent et en rendent moins capable, lui semblent les seules causes du déclin de la *valeur* dans les peuples. Partout où il voit le travail sédentaire et les mœurs paisibles naître et se développer, il n'aperçoit plus que des lâches et des esclaves.

---

(1) Rousseau. *Discours sur les sciences et les arts.*

« Voyez l'Égypte, cette contrée célèbre,
» d'où Sésostris partit autrefois pour conquérir
» le monde; elle devient la mère de la philoso-
» phie et des beaux-arts, et bientôt après, la
» conquête de Cambyse, puis celle des Ro-
» mains, et enfin des Turcs.

» Voyez la Grèce, jadis peuplée de héros
» qui vainquirent deux fois l'Asie, l'une devant
» Troie et l'autre dans leurs propres foyers;
» les lettres naissantes n'avoient point encore
» porté la corruption dans le cœur de ses ha-
» bitans; mais le progrès des arts et le joug
» du Macédonien se suivirent de près. »

Ces faits sont exacts, et la conclusion est juste, si on ne la fait pas trop générale. Qu'il se produise dans une nation, par les exercices et la passion de la guerre, un certain développement de force intérieure qui s'arrête aussitôt que d'autres exercices, et une autre passion succède; que dans une lutte militaire, les études militaires fassent beaucoup pour l'avantage, cela ne sauroit être contesté; mais

(1) ROUSSEAU. *Discours* cité plus haut.

qu'il ne se développe de force nationale, qu'il ne se produise de *valeur* dans un peuple, que par l'exercice de la guerre; que des hommes élevés pour la science militaire, pour les passions militaires, l'aient toujours emporté sur des hommes animés par d'autres passions et formés à d'autres études, c'est ce qu'on peut nier; c'est ce qu'on peut nier en se reposant aussi sur des faits.

Au douzième siècle, l'Empire germanique étoit le plus grand, le plus belliqueux empire de l'Europe; c'étoit le plus peuplé de cette noblesse qui n'avoit d'étude et d'amusement que la guerre, dont le corps, continuellement exercé, supportoit les fatigues les plus dures et le fardeau d'une armure plus épaisse et plus pesante qu'aucune armure de l'antiquité, et qui, invulnérable sous ce rempart de fer, renversoit et fouloit aux pieds des rangs entiers, sans péril pour elle-même.

Dans ce temps-là, la Lombardie étoit peuplée de marchands, de fabricans, de gens d'art et de métier, rassemblés en communautés dans les villes, et exerçant paisiblement leur industrie, sans aucune science des armes, sans troupes que quelques compagnies irrégulières entretenues plutôt pour la police que pour la défense de la cité.

Ces communautés, fondées sur les terres de l'Empire germanique, s'étoient rendues franches et indépendantes, soit par force, soit par accord; cette franchise étoit leur ressource; car elle nourrissoit leur industrie. Un des princes les plus belliqueux, Frédéric Barberousse, s'arma, en 1154, pour leur ravir leur liberté, et reconquérir sur elles les anciens droits de l'Empire.

Frédéric et les princes ses vassaux conduisirent successivement, du fond de l'Allemagne en Italie, sept armées formidables, au moins un demi-million d'hommes. Après que les six premières expéditions eurent été détruites, après vingt-deux ans d'efforts soutenus, la septième fut battue complétement en 1176, aux portes de la Lombardie (1).

Frédéric II, qui renouvela la guerre, en 1236, vit une seconde fois les forces de l'Em-

(1) A *Lignano*, à quinze milles de Milan. Voyez *l'Histoire des républiques italiennes du moyen âge*, par M. Sismonde-Sismondi, tom. II.

pire se briser contre la ligue des bourgeois de la Lombardie.

Ainsi, d'un côté, la nation la plus guerrière de l'Europe; de l'autre, la plus pacifique; d'un côté des chevaliers, de l'autre des marchands, sont aux prises, non pas dans un seul combat, mais dans cent combats, durant l'espace de trente années; les chevaliers ont l'avantage du nombre, et ce sont les marchands qui l'emportent; la *valeur* est dans les marchands.

Ce n'étoient pas des guerriers que ces fabricans flamands qui fondoient, dans le seizième siècle, une république sur des sables, où il leur falloit se défendre chaque jour contre la mer et contre l'Espagne. Ils n'avoient jamais manié que les outils de leur travail; ils avoient passé leur vie à l'ombre de leurs ateliers; ils n'avoient ni habitude ni science ni passion des armes; ils étoient donc *foibles d'âme*, comme de corps; et pourtant, l'empire de Charles-Quint, soutenu de tous les trésors des deux Indes, et de la politique de Philippe II; ces bandes militaires qui avoient détruit les forces de la France en Italie, ne prévalurent point contre cette peuplade chétive, qui, loin de céder à ses tyrans, gagnoit sur eux au contraire, et se nourrissoit de leurs dépouilles.

Sans compter la puissance et les ressources, étoit-ce dans la Grande-Bretagne, ou dans ses colonies d'Amérique, qu'il y avoit en 1769, le plus d'esprit guerrier, d'habitude, de science des armes ? L'Angleterre venoit de s'essayer, dans la guerre de sept ans, contre des États plus redoutables en apparence que les planteurs et les marchands de ses colonies ; et cependant les colonies conquirent et soutinrent leur liberté.

Lorsque la nation françoise fut attaquée, en 1792, par une ligue de tous les rois de l'Europe, qu'étoit-ce que ce peuple françois qu'on attaquoit ? Ce n'étoit pas le peuple belliqueux, le peuple élevé pour les armes, le peuple savant dans la guerre ; car ce peuple, c'étoit la noblesse, et la noblesse n'étoit plus la nation ; elle étoit au dehors unie à l'ennemi, ou bien emprisonnée au dedans.

Restoient les hommes de profession civile, les *bourgeois* ; des négocians, des légistes, et ce furent eux qui défendirent le territoire envahi.

Qu'un peuple de soldats, élevé parmi les armes, vivant dans l'Etat comme dans un camp, dont tous les jeux sont des combats, exercé depuis l'enfance à supporter la faim et la fatigue, accoutumé à n'estimer que la victoire et à ne mépriser que les vaincus, se rie d'une multitude inhabile à la guerre, traînée par force à la suite d'un homme, sans nulle passion qui l'excite à combattre; que 3,000 Spartiates fassent trembler 100,000 Perses, cela peut bien se concevoir : cette *valeur* des citoyens de Sparte nous paroît naturellement provenir de leur éducation, de leurs travaux, de leurs mœurs.

Mais qu'une peuplade de négocians et d'artistes, élevés pour le comptoir ou l'atelier, dont la tête a été exercée aux dépens des bras, ou les doigts aux dépens de tout le corps; qui ne sait point souffrir la faim, parce que son travail lui donne à vivre; qui ne connoît de lutte que l'émulation de l'industrie, de but que l'accroissement de ses relations de commerce : que cette peuplade résiste au choc d'une multitude avide de pillage et de gloire, vigoureuse, habituée aux dangers, ignorant tout, hors combattre : que cent mille Allemands soient arrêtés ou détruits par une poignée de Milanois ou de Florentins, cela ne se conçoit plus autant. Cette *valeur* qui contraste si fort en apparence avec les mœurs et l'éducation, d'où vient-elle? d'où vient-elle, sinon de ces mœurs et de cette éducation même?

On connoît les vertus de la guerre, on ne connoît point celles de l'industrie. La passion de l'indépendance paisible a de quoi tremper les âmes, aussi bien que la passion de l'indépendance guerrière. D'un citoyen soldat celle-ci fait un héros; mais l'autre fait davantage, elle fait un héros d'un citoyen qui n'étoit pas même soldat.

Le premier sentiment qu'éprouve l'homme guerrier, l'homme qui se destine à combattre, c'est qu'il y a d'autres hommes à qui il doit nuire. Le premier sentiment qu'éprouve l'homme industrieux, l'homme qui se destine à *produire*, c'est qu'il y a d'autres hommes à qui il sera utile.

Et de même, la première impression que le guerrier fait sentir à ceux qui l'entourent, c'est le besoin d'échapper à son action, c'est la crainte. La première impression que fait éprouver l'industrieux, c'est le besoin d'avoir part aux fruits de son travail, c'est l'amitié.

De là vient à tous les deux le sentiment de leur force et la confiance dans leur force. Je suis fort, dit le guerrier; partout les hommes tremblent à mon nom : je suis fort, dit l'industrieux; partout les hommes embrassent mon intérêt. Personne n'osera m'attaquer, dit l'un; tous me défendront, dit l'autre (1).

---

(1) Un peuple guerrier peut avoir pour soutiens, ou des compagnons de brigandage, et ceux-là sont tout prêts à tomber sur lui, s'il y a là plus de gain à faire; ou des sujets, et ceux-là, qui ne le servent que par force, sont tout prêts à rompre leurs liens; ou des mercenaires, et ceux-là sont tout prêts à le quitter pour quiconque voudra payer leur sang plus cher. Le peuple industrieux seul a des amis; et c'est une force qui ne trompe jamais.

Non exercitus præsidia sunt, verùm amici, quos neque armis cogere, neque auro parare queas. (SALLUSTE.)

Nations industrieuses, suivez cette maxime : comptez sur vos amis et non sur des soldats!

Or, c'est cette confiance dans ses forces qui est le principe de la *valeur;* le guerrier peut sentir sa force dans le nombre de ceux qu'il épouvante; l'industrieux, dans le nombre de ceux qu'il intéresse. La *valeur* n'est pas plus étrangère à l'industrieux qu'au guerrier.

Et ce sentiment, principe de la *valeur*, doit être plus vif encore dans celui-là. Un ennemi qui s'élève contre le guerrier lui en suscite d'autres qui se taisoient par crainte d'être seuls, et que l'exemple encourage; un ennemi qui s'élève contre l'industrieux ne lui suscite que des défenseurs; il trouve des amis, comme dit un publiciste, au sein même de ses ennemis (1).

Un seul avantage peut être revendiqué en faveur du militaire, c'est qu'il a deux mobiles pour exciter en lui la *valeur*, l'amour du brigandage ou de la conquête, et l'amour de la liberté; tandis que l'industrieux n'en a qu'un, c'est le dernier.

Il n'y a que l'ignorance même qui puisse

---

(1) M. Benjamin de Constant.

prétendre aujourd'hui que l'industrie est incapable de nourrir l'indépendance. On n'a vu, dans nos temps modernes, la liberté prendre racine que chez des nations industrieuses, en Italie, en Hollande, en Angleterre (1).

---

(1) Dans l'antiquité, on croyoit tout le contraire de ce que nous avançons ici, et des faits tous contraires à ceux que nous citons, venoient confirmer cette façon de penser. En théorie ou quant aux opinions, en pratique ou quant aux faits, la *civilisation* des anciens étoit donc l'opposé de la nôtre : or c'est là précisément ce que nous voulons faire sentir.

Le travail étoit, selon les anciens, la marque et la source de la servitude; l'oisiveté l'étoit de l'indépendance. « Vous faites un *vice* de la paresse, dit un La- » cédémonien dans Plutarque; sachez donc que c'est » ce *vice* qui fait les hommes libres. » (*Apophtègmes des Lacédémoniens.*)

« C'étoit un des mots de Socrate, que l'oisiveté est » sœur de la liberté; et il disoit pour preuve, que les » Indiens et les Perses, gens fainéans, étoient braves et » libres, tandis que les Phrygiens et les Lydiens, la- » borieux et adroits au travail, étoient esclaves. » (ÆLIEN, liv. X, chap. XIV.)

Aristote et Cicéron ont pensé la même chose : *Is liber non est*, dit le dernier, *qui non aliquando nihil agit.*

Otez aujourd'hui le *travail d'industrie*, ôtez les sciences, les arts, les spéculations à un homme pouvant

Il n'y a que l'ignorance même qui puisse prétendre que la puissance est le partage exclusif des nations guerrières : ce sont, au contraire, les peuples les moins guerriers qui, dans l'Europe moderne, ont exercé le plus d'action et montré le plus de force, à pro-

---

vivre sans ce travail ; que lui reste-t-il pour employer sa vie ? deux objets : ce qu'on appelle *la gloire* et ce qu'on appelle *les honneurs*.

Pour aller à la gloire, il s'enrôlera parmi les agens militaires du pouvoir ; pour aller aux honneurs, il s'enrôlera parmi ses agens civils ; il se fera *instrument :* il perdra sa liberté. Pour atteindre à la gloire, il cherchera la guerre, il la voudra ; il la voudra contre sa nation ; et sa nation a besoin de la paix : pour atteindre aux honneurs, il se joindra au pouvoir, il l'aidera à s'agrandir, à se faire plus sentir à la nation ; et la nation a besoin d'être libre : il cessera d'être citoyen.

Que quiconque veut être aujourd'hui vraiment libre, vraiment citoyen, *travaille*.

Les passe-temps de l'homme oisif, chez les anciens, étoient favorables, au contraire, à ses devoirs de patriote, à ses intérêts d'homme libre. L'Etat demandoit qu'il fût guerrier, et les jeux publics l'exerçoient au courage : il luttoit dans l'amphitéâtre. Pour maintenir la liberté de sa patrie, sa liberté propre, il devoit être fier, dur, tyrannique ; et la vie domestique l'y exerçoit encore : il faisoit fouetter ses esclaves.

portion de leurs moyens ; c'est Venise qui affermoit ses guerres au rabais; c'est la Hollande, c'est l'Angleterre qui envoyoit à ses alliés des subsides au lieu d'hommes, et les chargeoit ainsi de tous les combats; c'est l'Amérique, qui long-temps n'a pas eu un vaisseau de guerre. Il est vrai qu'il en arrivoit autrement dans l'antiquité; mais que nous fait l'antiquité? Que nous importent ses exemples, quand nous avons des exemples de notre temps, des exemples domestiques?

Certes, dans un état de choses où la guerre occupe beaucoup d'hommes et l'industrie un petit nombre, la nation qui produit est nécessairement écrasée, car alors elle ne trouve point d'amis. Mettez un homme riche et industrieux aux prises avec un voleur, au milieu d'un camp de Tartares, qu'arrivera-t-il? Les assistans seront pour le voleur, et le volé sera assailli par cent brigands au lieu d'un. Mais aussi, mettez le même homme aux prises avec le même voleur sur une place de Paris ou de Londres, c'est le voleur, à son tour, qui restera seul, qui sera assailli, renfermé, pendu. Au milieu de peuples guerriers, le peuple industrieux *vaut* moins que le peuple guerrier; au milieu de peuples industrieux, il *vaut* plus, il est le plus fort : comme, dans une nation d'honnêtes gens, l'honnête homme est plus fort que le brigand.

Carthage contre Rome n'a point trouvé d'alliés, d'alliés du moins capables de la défendre ; la Hollande contre l'Espagne a trouvé l'Angleterre. Carthage luttant aujourd'hui, auroit pour elle la plus grande force qu'il y ait au monde, cette force qu'elle avoit contre elle et qui l'a perdue, les mœurs et le génie du siècle.

La destinée de toute puissance, a dit un publiciste (1), dépend de la proportion qu'il y a entre son esprit et son époque : c'est là ce que doivent avoir constamment devant les yeux les nations et ceux qui les conduisent. L'expérience est un bon conseiller ; mais il faut savoir l'interroger, et ne point lui obéir en aveugle : car alors elle nuit au lieu de servir ; au lieu de guider, elle fourvoie. Il y a des temps où, par un retour singulier, ce qui étoit possible cesse de l'être ; où ce qui étoit

(1) M. Benjamin de Constant.

sage et utile devient funeste et insensé. Sachons bien connoître quel est l'état de choses où nous sommes, et nous saurons quel esprit, quelles mœurs, quels soins nous conviennent.

Il est vrai que, dans toute l'antiquité, les peuples guerriers ont toujours prévalu contre les peuples industrieux et commerçans, soit qu'ils voulussent leur résister ou les soumettre. Il est vrai encore, que, dans le moyen âge, la même chose s'est reproduite, et que les descendans belliqueux et grossiers des Vandales et des Germains ont repoussé de l'Europe la nation maure, la plus riche, la plus industrieuse, la plus savante de ce temps.

Mais il est vrai aussi, que depuis ce dernier acte de la prééminence guerrière, que depuis les croisades, qui n'en ont été que la suite, cette force nationale qui se manifeste par une grande action ou par une grande résistance, la *valeur*, a été le propre des nations les plus avancées dans l'industrie, et que les peuples guerriers, à leur tour, ont été les vaincus.

Les plus grands exemples de puissance dans chaque siècle, depuis le douzième, sont donnés par des nations commerçantes; ce sont elles, et non plus les autres, que l'on voit, ainsi que Rome, croître de rien, et grandir au milieu des obstacles, jusqu'à un développement qui étonne.

Au treizième siècle, la fameuse Ligue anséatique se maintient et domine dans le Nord, malgré les princes et les seigneurs, tandis que la Ligue lombarde résiste dans le Midi à toutes les forces de l'Empire.

Au quatorzième siècle, Venise, sans territoire, se place au niveau des premiers États de l'Europe; elle établit sa suprématie sur l'Italie entière, ce que l'Empire germanique avoit en vain tenté.

Au quinzième siècle, Venise étoit si puissante, qu'elle occupoit seule les yeux de l'Europe, qu'elle étoit le centre de la politique. En 1508, se forma contre elle la Ligue de Cambrai. Jamais, dit Voltaire, tant de rois ne s'étoient unis contre l'ancienne Rome : Venise ne succomba point.

Au seizième siècle, se fonde sur des sables à

demi-submergés la république des Provinces-Unies : à peine établie, elle cesse de résister à l'Espagne et l'attaque ; elle lui enlève ses possessions des grandes Indes.

Au dix-septième siècle, l'Angleterre, par sa révolution, se constitue un État essentiellement commercial : c'est de là que date sa grandeur.

Au dix-huitième siècle, toute cette puissance angloise vient se briser contre des colons révoltés. On sait depuis quel temps existe la république des États-Unis, et quel rôle elle joue à présent.

On pourroit renouer à cette série de faits la France, résistant à tous les Gouvernemens de l'Europe confédérés, et l'Angleterre ensuite, résistant au dernier Gouvernement françois, qui poussoit contre elle seule presque toutes les forces de l'Europe.

CHAPITRE IX.

De l'Esprit guerrier.

QUE la nation la plus utile aux autres nations soit la plus libre, la plus riche, la première, voilà le terme où se dirigent les choses. Il y a maintenant assez de faits à la portée de l'examen, assez d'expériences reproduites, pour que la certitude de ce fait universel puisse être universellement reconnue. Il y a donc aujourd'hui une vérité politique comme une vérité physique; il y a donc un signe commun de ralliement, une règle commune de conduite pour les peuples. « L'élévation ou » l'abaissement journalier des eaux de l'Océan » n'ont pas été plus régulièrement assujétis » au cours de l'astre qui nous éclaire durant » la nuit, que le sort de la *liberté* et de *la*

» *puissance, depuis six siècles*, aux progrès » de l'*industrie* et de l'*esprit d'industrie* (1). »

Il est vrai que la terre tourne, mais, pour qu'on le croie, il faut être éclairé; il faut s'être dérobé par la réflexion à l'illusion et au préjugé des sens. Il est vrai qu'une nation prospère de tout ce qu'elle ajoute à la prospérité des autres, et dépérit de ce qu'elle leur fait perdre; mais, pour reconnoître ici l'évidence, pour y conformer sa conduite, il faut s'être élevé à une hauteur de raison supérieure aux petites vues de l'intérêt mal entendu, à une hauteur de sentiment au-dessus des petites haines, des petites espérances, des petites ambitions qui travaillent les hommes et les peuples ordinaires. Tous les peuples s'avancent vers cette perfection morale, mais lentement, mais d'un pas inégal.

Les plus avancés découvrent déjà quelque chose du but, bien qu'ils soient loin encore de l'apercevoir tout entier. A chaque nouveau progrès, ceux qui voient verront davantage,

---

(1) ROUSSEAU, *Discours sur les sciences et les arts*.

et le nombre des clairvoyans s'augmentera. C'est ainsi que peu à peu disparoîtront toutes les violences, toutes les guerres, fruit du besoin mal éclairé. Si chacun arrive à sentir fortement que le plus utile à tous a le plus d'avantages, que devient l'ambition? Une émulation de bons offices.

C'étoit avec grande raison que les législateurs de l'antiquité interdisoient les arts d'industrie aux citoyens de leurs républiques. L'industrie est l'ennemie de la guerre ; tout ce qu'on gagne en valeur industrielle, on le perd en valeur militaire. Quelques-unes des nations de l'Europe l'ont déjà éprouvé, et peut-être malgré elles. Le premier peuple moderne qui afferma par entreprise ses guerres à des mercenaires, comme les peuples de l'antiquité affermoient à des mercenaires l'entretien de leurs routes, de leurs bâtimens, et tous les travaux de l'intérieur (1), donna en Europe le signal de la dégradation de l'état de guerrier.

---

(1) . . . ædem . . . flumina, portus,
Siccandam eluviem..........

Juvénal. *sat.* III.

Dans les États de l'antiquité, la nation faisoit la guerre, c'étoit là son emploi ; elle avoit des machines qui la nourrissoient, qui cultivoient, qui bâtissoient pour elle. Dans les États modernes, le travail des nations, c'est de produire, c'est d'accroître en repos leurs commodités et leurs jouissances ; elles ont des machines qui combattent pour elles (1).

Dans les premiers des États anciens, qui tous étoient militaires, le commerce étoit si méprisé, qu'on y faisoit peu de cas des troupes de mer, parce qu'elles avoient quelque rapport aux expéditions du commerce. Dans les premiers des États modernes, qui tous ont été industrieux et commerçans, on n'a estimé de la profession guerrière, que ce qui avoit quelque rapport à la profession de commerçant ; on n'a estimé que les troupes de mer.

A Rome, on ne destinoit à la marine que ceux qui n'étoient pas assez considérables pour

---

(1) Aristote appelle les gens d'art et de métier des *instrumens nécessaires ;* ce sont des *instrumens* que nos soldats, mais sont-ils bien des *instrumens nécessaires ?*

avoir place dans les légions; les gens de mer étoient ordinairement des affranchis (1). A Venise au contraire, les commandemens de mer étoient les seuls qu'un citoyen distingué voulût exercer; les généraux de terre, c'étoient ces *condottieri*, qui se louoient à la République avec les bandes qu'ils conduisoient.

En Hollande, en Angleterre, on faisoit cas d'un marin, et non d'un soldat (2).

« Autant la Grande-Bretagne, dit un auteur » anglois (3), a surpassé les autres pays de » l'Europe dans le commerce et les arts d'in- » dustrie, autant ses habitans semblent avoir » perdu de leur humeur guerrière et de leur » admiration pour le talent militaire. Hors » ceux qui, par leur naissance, sont encore

---

(1) *Esprit des lois*, livre XXI, chapitre XIII.

(2) En Angleterre, quand une bouteille a été vidée, on dit assez plaisamment, pour la faire enlever : *Put this land officer beside*, mettez de côté cet officier de terre.

(3) Millar's (John) historical view of the English government, vol. IV.

» soumis en quelque sorte au vieil esprit, aux » vieilles mœurs de la chevalerie, tout le peu- » ple est à une extrême distance de toute » idée et de tout sentiment guerrier. A ses » yeux, la profession des armes est la dernière » des professions. Lorsque le fils d'un com- » merçant s'engage dans l'armée, on le plaint » comme perdu pour tout travail utile et » honnête; même parmi la noblesse, à moins » que quelques-uns des fils ne montrent une » préférence marquée pour la vie militaire, » c'est seulement ceux qui ont le moins d'ap- » titude pour les emplois civils, qu'on des- » tine au service de terre ou de mer. »

Millar écrivoit ainsi avant 1792. Depuis ce temps, il nous faut l'avouer, les choses paroissent avoir bien changé de face. Toutes ces nations qui se déshabituoient de la guerre et des *mœurs guerrières*, ont rétrogradé par un mouvement soudain, et sont revenues à cette politique militaire des anciens, qu'elles réformoient en elles.

Durant les vingt-cinq dernières années, il n'y a pas un État en Europe qui n'ait soutenu plus d'une guerre; pas une nation qui n'ait été armée; pas une qui n'ait fait preuve d'enthousiasme dans son action militaire.

Ce sont là des faits, et ces faits semblent contre nous, contre cette tendance des peuples que nous avons signalée, par laquelle ils se défont de l'*esprit guerrier*, à mesure qu'ils avancent en industrie. L'industrie ne s'est point arrêtée dans son progrès, et la guerre s'est réveillée plus furieuse que jamais.

Cette objection peut cependant se résoudre. Les faits sont vrais, mais de quelle valeur sont-ils? C'est là toute la question; c'est à quoi l'on ne peut répondre qu'en approfondissant les causes.

Tout mouvement commun à une partie de l'espèce humaine, de quelque nature qu'il soit, donne naissance à ces deux questions : S'il est spontané, c'est-à-dire si le principe du mouvement réside dans la masse, qui se meut librement et de son impulsion propre ; s'il est communiqué, c'est-à-dire si le principe du mouvement est au-dehors; si la masse obéit aveuglément, ou malgré elle, à une force extérieure qui la pousse: en d'autres termes, il ne faut point confondre ensemble l'action d'un nombre d'hommes agissant par sa volonté, son intérêt, ou sa conviction propre, et l'action d'un nombre d'hommes agissant par la volonté de son gouvernement, c'est-à-dire d'un plus petit nombre ayant à part son esprit, son intérêt, son opinion.

Un peuple ou plusieurs peuples ensemble, agissant d'un mouvement spontané, c'est-à-dire par leur volonté pure, dans la vue d'un intérêt qui les excite, se dirigeront infailliblement dans le sens de l'esprit humain; car, dans l'état de commerce mutuel où vivent entre eux les peuples en Europe, la pensée de chacun sur ce qui touche son bien-être, ne peut manquer de dériver de l'exemple ou de l'opinion de ceux qui l'entourent, de l'opinion européenne, de l'opinion du siècle. Toute révolution, quand elle est vraiment nationale, est un élément nécessaire de la grande révolution de l'espèce humaine.

Mais un peuple agissant comme instrument de ceux qui le gouvernent, exerce nécessairement une action qui n'a nul rapport fixe et déterminé avec le cours général des choses; il agit pour ou contre le cours général des choses, pour ou contre la civilisation, pour ou contre les grands intérêts humains, pour ou contre ses vrais intérêts, selon l'intérêt ou les passions de ce petit nombre qui le dirige.

Cela posé, si, dans le grand mouvement qui a agité l'Europe depuis 1792, il y a des mouvemens purement nationaux contraires à cette direction vers l'esprit de repos allié à l'esprit d'industrie, que nous avons présentée comme la véritable direction où marche l'espèce humaine, le lecteur devra douter; mais si l'on trouve, au contraire, que les nations, quand elles ont agi d'elles-mêmes, ont toujours agi selon cette tendance, il faudra qu'il tombe d'accord avec nous. Quant aux gouvernemens, qu'ils ayent fait marcher pour ou contre cette tendance des troupes d'hommes contraints ou trompés par eux, cela ne peut rien prouver ni pour ni contre nous.

Un régime constitutionnel, un régime libéral, dans le vrai sens moderne de ce mot, n'est autre chose, ainsi que nous l'avons dit, qu'un régime fondé sur l'industrie, *commercial government*, comme l'appelle un auteur anglois (1).

---

(1) MILLAR.

Or c'étoit ce régime commercial, et par cela même pacifique au dehors, que la nation françoise vouloit constituer chez elle par sa révolution en 1789. L'acte public et constitutionnel par lequel le peuple françois déclara qu'il s'interdisoit toute guerre offensive, en est la preuve évidente. Tel étoit le but de la révolution, telle en devoit être la fin.

Contre cette volonté nationale de la France, s'éleva la coalition de Pilnitz. Ce fut une coalition de princes, et seulement de princes. Parmi les sujets même des coalisés, les François eurent des partisans, en Hollande, en Allemagne, en Suisse, en Italie, en Angleterre.

Ici, à l'origine de la scission de l'Europe, à la formation des partis, le signe de ralliement est bien manifeste de part et d'autre ; d'un côté pour la liberté, pour l'industrie, pour la paix, sur qui elles se fondent, est la nation françoise, et avec elle tout ce qu'il y a d'éclairé parmi les autres nations ; de l'autre côté, sont les rois et les armées : puisqu'ils sont dans le parti contraire, leur signal est l'opinion contraire ; ils combattent pour l'arbitraire et pour la *guerre*.

La France, violemment pressée de toutes parts, fut contrainte à une réaction violente. Dans le feu, dans l'action, dans l'orgueil du succès, elle ne sut point se contenir ; elle se jeta hors de la route, elle se fit conquérante. Un gouvernement militaire fut le premier résultat de cet égarement.

Ce que vouloit d'abord la France, c'étoit d'être industrieuse et libre ; pour s'être laissée emporter au plaisir de vaincre, elle devint conquérante et esclave. Le chef de l'armée, devenu chef de l'Etat, fit de l'Etat son camp, et de la nation son armée ; les François, rejetés incessamment hors de la France par cette force intérieure qui s'étoit créée au centre, furent les brigands de l'Europe (1) ; mais ce n'étoit pas leur volonté qui les dénaturoit ainsi, c'étoit une volonté étrangère : le peuple sain, le peuple éclairé murmuroit, mais il ne résistoit pas.

---

(1) *Raptores orbis.* TACITE, Agricola.

C'étoit à l'Europe de délier la France, comme la France avoit voulu délier l'Europe. On voyoit, comme dans les temps de barbarie, chaque nation rentrer en elle-même, s'isoler, se fortifier, pour sauver son existence menacée; plus de commerce, plus de paix, plus de civilisation.... La cause de la civilisation ligua les peuples de l'Europe contre le gouvernement de la France, en 1814 et en 1815.

Dans ces deux coalitions nationales, les princes ne figurent point comme mobiles; l'impulsion vient des peuples; les nations marchent, les rois suivent. Le mouvement se donne en Allemagne, tandis que Napoléon est encore l'allié de plus d'un Gouvernement d'Allemagne. Au milieu de cette expédition pour la civilisation européenne, ce sont les rois qui ont voulu se modérer, et composer avec l'ennemi; ce ne sont pas les peuples : les peuples ne composent point lorsqu'il s'agit de leur liberté.

Ainsi donc, ce fut pour la liberté, pour l'industrie, pour la paix, pour le régime constitutionnel, qui en est la garantie, que la nation françoise exerça, au commencement, son activité guerrière ; elle fut *guerrière* contre la *guerre*. Ce fut contre la France conquérante malgré elle, contre la France étendant sur ses voisins le joug militaire qu'elle ne pouvoit secouer, contre la *guerre* aussi, que les nations se sont levées en armes.

Ainsi donc, toutes les fois que les peuples ont été librement en action, ce fut toujours en faveur de cet ordre de choses que nous avons signalé comme le vrai but où la civilisation nous conduit. S'il y a eu quelque action contraire, ce ne sont point les nations qui l'ont produite et dirigée.

La civilisation ne s'est donc point démentie : cette direction de l'esprit humain vers un système d'ordre où la paix et les arts paisibles fussent au premier rang, cette direction si manifestement marquée dans le cours des choses depuis six siècles, ne s'est donc nullement arrêtée ; elle s'est continuée au milieu de vingt-cinq années d'activité guerrière ; elle s'est continuée par cette activité même; car toujours l'un des deux partis n'a combattu que pour elle : elle est aujourd'hui dans sa force.

Qu'on observe en effet l'Europe, qu'on regarde quel est à présent l'objet de tous les esprits, quel travail les occupe tous : c'est l'établissement de ce régime où tendoit la Révolution françoise, où elle vient de se terminer, de ce régime dont la paix est le fondement et l'essence, du *gouvernement commercial* (1).

Mais, dans les choses humaines, le bien n'arrive jamais pur et sans mélange de maux. Cette action militaire, deux fois exercée contre la civilisation, a contraint, la première fois, une nation seule, la seconde fois toutes les nations de l'Europe ensemble, à une réaction militaire. Le besoin éprouvé de la force guerrière, l'habitude des armes dans les peuples devenus soldats par intérêt, l'avantage senti d'une organisation militaire dans le temps qu'on étoit aux prises, tout cela a laissé des vestiges que le cours des choses doit effacer, mais qui peuvent retarder le cours des choses.

C'est de là que vient l'opinion si fort exagérée maintenant de l'importance des armées et des établissemens de guerre ; de là vient que,

---

(1) *Voyez* Chap. V.

dans les Etats où le gouvernement a tout pouvoir, une grande partie du peuple reste enrôlée, et que, dans les Etats les plus libres, les gouvernemens entretiennent encore des forces énormes, sous le prétexte de n'être point inégaux.

Et les Gouvernemens pensent sans doute tirer un grand parti de cette nécessité factice (1) ?

Mais les nations dont la guerre et les soldats ruinent la liberté et épuisent la substance, les nations qui se souviennent que, si deux fois elles ont dû s'arracher à leurs travaux, à leurs loisirs, à leur patrie, et s'armer, comme les barbares, des instrumens de la destruction, c'est qu'elles avoient à repousser la guerre et les soldats : les nations industrieuses, les nations sages, les nations libres, que feront-elles ?.....

(1) Que de machines de déception ne sont pas mises en jeu pour fermer l'oreille des peuples à la voix de la raison, qui leur crie : Est-ce la liberté que vous voulez ? faites que les autres soient libres. Est-ce la richesse ? soyez industrieux et faites que les autres le deviennent. Est-ce la force ? soyez utiles à beaucoup d'autres. Est-ce la gloire ? rendez de grands services au monde.

CHAPITRE X.

De l'Esclavage moderne.

Il y avoit dans les États de l'antiquité une classe d'hommes qui étoient un objet de commerce, qui ne pouvoient disposer de leur corps et quitter, à leur volonté, le lieu où ils étoient fixés; à qui il étoit interdit de contracter de soi-même aucune obligation civile, de faire un testament, de se marier; qui étoient jugés sans formes et condamnés sans appel. Ces gens s'appeloient des *esclaves*.

Il y a maintenant dans tous les Etats une classe d'hommes qu'on achète et qu'on vend; qui ne peuvent disposer de leur corps ni s'éloigner d'un lieu assigné; qui ne peuvent, de leur seule volonté, se marier; qui sont jugés sans formes et condamnés sans appel : quel nom donnera-t-on à ces hommes, autre que le nom d'*esclaves* ?

Chez les anciens, il y avoit des grades parmi les *esclaves* ; il y avoit le régent de la bande, *servus actor*, puis les inspecteurs, les surveillans, qui donnoient des ordres arbitraires à tout ce qui étoit au-dessous d'eux, et obéissoient aux ordres arbitraires de tout ce qui étoit au-dessus ; cela faisoit des degrés dans la servitude, selon le degré du commandement. Le chef suprême des *esclaves* étoit le moins *esclave* de tous, mais il étoit encore *esclave*... au-dessus de lui, étoit le maître.

Il y a de même aujourd'hui des grades et des rangs parmi les *esclaves* ; il y a des commandans en chef, des commandans subalternes, tous plus ou moins esclaves, selon leur grade ; et de même, au plus haut degré de cette hiérarchie, on ne trouve aussi que le moindre degré d'*esclavage*, mais toujours l'*esclavage* : au-dessus, est le maître.

Chez les anciens, un *esclave* pouvoit sortir de la condition d'esclave, et entrer dans la vie civile, avec l'autorisation et sauf le bon plaisir du maître. Chez nous, les *esclaves* peuvent aussi rentrer dans la condition civile, pourvu que le maître y consente. Autrefois, les *es-*

claves d'un haut rang, les *esclaves en grade*, avoient, à cet égard, plus de facilités que les autres ; aujourd'hui, c'est aussi la même chose.

La morale des hommes suit leur condition. La vertu des *esclaves*, c'est d'être dévoués au maître, c'est de le servir contre qui que ce soit et aux dépens de la vie. Tel étoit le plus haut degré de la vertu dans les *esclaves* anciens, et cela rendoit souvent les maîtres dangereux à la liberté d'autrui. Telle est aussi la vertu la plus haute aux yeux des *esclaves* modernes, et cela, de même qu'autrefois, rend leurs maîtres fort à craindre.

Le dévouement n'est pas le propre de l'*esclave;* l'homme libre se dévoue aussi ; mais l'*esclave* se dévoue à ses maîtres, le citoyen à ses égaux ; le premier à ceux dont il veut gagner la faveur ; le second, à des hommes dont il ne prétend rien.

La même condition qu'on appeloit l'*esclavage*, dans l'antiquité, se retrouve, dans les États modernes, avec toutes les particularités qui en faisoient le caractère. L'*esclavage* subsiste donc. L'*esclavage* subsiste comme dans l'antiquité, mais ce n'est plus la même espèce d'hommes qui est *esclave*.

Être *esclave*, c'est vivre sous l'arbitraire, au sein d'une société d'hommes qui vivent sous des lois.

On sait quels hommes étoient *esclaves* chez les anciens; c'étoient les hommes de métier et de commerce, tous ceux qui professoient l'industrie paisible. Il suffit de regarder autour de soi, pour voir qui sont maintenant les *esclaves*; ce sont les hommes militaires, tous ceux qui professent l'industrie ennemie de l'industrie paisible.

CHAPITRE XI.

De l'Honneur national.

Ce que l'homme tient le plus à *honneur*, c'est sa force. La force qu'il sent en lui la première, celle dont les organes se développent d'abord, est la force physique; c'est de cette espèce de force qu'il aime aussi à se prévaloir d'abord, c'est en elle qu'il met d'abord son *honneur*.

Dans un âge plus avancé, une autre force se développe, la force morale; c'est de cette force alors que l'homme s'enorgueillit, il aime surtout à paroître habile.

« Si je voulois me vanter de quelque chose, » disoit un prince tartare, c'est de cette sagesse » que j'ai reçue de Dieu, et de mon talent d'é-

» crire (1). » Celui qui parloit ainsi à cinquante ans, auroit dit, vingt ans plus tôt : « Je remer- » cie Dieu de cette vigueur qu'il m'a donnée, » et de mon talent à dresser un cheval et à » manier la lance. »

Ce qui est vrai des hommes est vrai des peuples ; en eux, se développe d'abord la force physique ; leurs grands hommes sont des héros, et eux, ils sont soldats. Plus tard, leurs grands hommes sont des sages, et eux, ils sont industrieux.

C'est à ces traits qu'il faut juger de l'âge d'un peuple : la Russie n'a produit que des gens de guerre, la Russie est encore dans l'enfance.

Toutes les nations de l'Europe n'ont longtemps tiré vanité que de leurs généraux et de leurs victoires ; c'étoit là ce que chacune envioit aux autres. L'Espagne auroit acheté de tout ce qu'elle avoit l'*honneur* d'avoir produit

---

(1) FERGUSSON, *Essai sur l'histoire de la société civile.*

Bayard, et la France l'*honneur* de la journée de Pavie. Aujourd'hui, si un peuple envie quelque chose au peuple anglois, ce n'est ni son général, ni sa victoire de Vaterloo; c'est sa liberté, son industrie, les grands hommes d'État, les grands savans qui sont sortis de lui: c'est là qu'est l'*honneur* d'une nation mûre, l'*honneur* d'une nation d'hommes faits.

Lutter de corps, c'est le propre des enfans, ou bien des hommes qui restent enfans malgré l'âge. Les hommes formés, les hommes vraiment hommes, ne luttent que des forces de l'esprit.

Les nations de l'Europe sont maintenant à l'âge d'homme; toute lutte corporelle n'est plus pour elles un exercice; leur *honneur* n'est plus dans leurs bras.

Les objets présens de dispute, de concurrence, d'ambition, de gloire, au lieu d'un peu de fumée à payer de beaucoup de sang, ce sont tous les biens de l'humanité à produire au sein de la paix; nos facultés à perfectionner, nos sciences à agrandir, nos jouissances à multiplier. Les peuples doivent désormais placer là tout leur *honneur*.

C'est par l'émulation que se développent les plus nobles facultés de notre nature ; que l'émulation ne cesse point d'agir et d'exciter les hommes ; mais ce n'est plus par des coups d'épée qu'elle doit se signaler ; une nouvelle arène est ouverte où les combats sont sans violence et la lutte sans danger.

Loin que ces rivalités paisibles aient rien de commun avec le tumulte des armes et la fureur des guerriers, l'aspect seul des guerriers est importun ; plus on les tiendra éloignés, plus les efforts qu'ils gênent seront grands et utiles. Si les nations de l'Europe ont encore à faire la guerre, c'est pour bannir la guerre du sein de l'Europe.

Un jour que le Sénat de Rome étoit divisé sur l'une des plus hautes questions d'État, et que chaque orateur déployoit son énergie pour faire triompher son éloquence et son parti, deux gladiateurs se battoient à la porte pour l'*honneur* et pour un dîner. Ces braves, entendant la dispute, crurent le Sénat disposé à se battre ; chacun d'eux, aussitôt, s'élance au milieu de la salle, voulant prendre parti dans l'assemblée, et vider ainsi les deux querelles à la fois. A leur aspect, la discussion s'arrête, et le Sénat, tout d'une voix, ordonne aux licteurs de chasser plus loin ces misérables.

CHAPITRE XII.

Du Bonheur national.

Donnez au chasseur le gibier, au joueur l'argent, afin que l'un n'ait plus besoin de fatiguer son corps, l'autre de tourmenter son âme, tous deux riront de ce bon office; l'un remettra sa fortune au hasard, pour être encore inquiet et agité, l'autre lâchera le cerf dans la plaine, pour avoir encore des fatigues.

Ce que nous appelons plaisir, ce que nous appelons peine, n'occupe dans la vie qu'un bien petit espace. Inventer, exécuter, diriger, poursuivre, attendre, réfléchir : voilà où la plus grande part s'emploie. Le mouvement est bien plus important pour nous que la jouissance qui en est l'objet, et l'oisiveté un mal bien plus réel que la douleur qu'elle prétend fuir. Être *heureux*, pour l'homme, c'est d'abord agir, et puis jouir.

Dans le travail de la combinaison d'un plan, dans le travail de l'exécution, nous avons le sentiment de nos forces, nous les sentons se développer, nous jouissons de nous-mêmes; et c'est là sans doute la plus grande des jouissances; cette jouissance finit au repos, elle renaît avec l'activité; aussi le repos n'est-il désiré presque toujours que pour réparer nos forces trop tôt épuisées.

L'activité de l'homme, de même que ses dispositions intérieures, est ou personnelle ou sociale: l'activité personnelle n'a de rapport qu'à nous seuls; l'activité sociale se rapporte à un cercle plus ou moins grand de nos semblables. La première s'exerce sur des intérêts étroits et bornés, les seuls intérêts individuels; l'autre embrasse des intérêts étrangers, qu'elle mêle et confond avec ceux-ci.

Il est remarquable que ce soit l'activité personnelle, celle qui touche le plus intimement à notre intérêt propre, qui nous procure le moins de *bonheur*; nous le sentons si bien, que c'est la tendance habituelle de notre nature d'aspirer à l'activité sociale. Les affaires privées ne sont du goût que de ceux qui ne se reconnoissent point le talent de s'élever au-delà. Le désir des emplois n'est que le désir d'exercer nos facultés sur un plus grand théâtre, d'avoir à régler des intérêts plus étendus que les intérêts personnels, de faire en quelque sorte de notre intérêt privé l'intérêt commun de beaucoup d'hommes.

C'est ce plaisir d'être occupé à de grandes affaires, d'être actif dans de grandes opérations, d'être engagé dans de grands mouvemens, qui fait rechercher avec tant d'ardeur les postes les plus pénibles dans les États. Le profit des charges, si le travail étoit une peine, ne seroit pas suffisant pour y attirer; mais c'est le travail aussi qu'on désire: le travail ne rapporteroit rien, il faudroit l'acheter même, qu'il y auroit peut-être autant d'hommes empressés à l'obtenir.

Les citoyens des États républicains de l'antiquité n'étoient si jaloux de leurs droits de membres actifs de l'État, que parce que ces droits étoient pour eux la plus grande source de *bonheur*. Ils les achetoient au prix de tout ce qu'on appelle des jouissances dans la vie privée (1). Que vouloit dire ce Lacédémonien lorsqu'il répondoit au Satrape qui lui étaloit son luxe et sa mollesse : « Va ! tu ne connois pas nos plaisirs ? »

Plus la sphère où l'on agit s'étend, plus le plaisir de l'action est vif. Être le mobile de tous les mouvemens d'une grande masse d'hommes, avoir en main tous leurs intérêts, ne rien faire, ne rien penser qui ne porte coup au loin autour de soi, c'est là le grand attrait du pouvoir; c'est à cause de cet attrait que la

---

(1) Il n'y avoit pour un Spartiate *ni propriété ni liberté personnelle.* Écoutons Plutarque : « Un chacun » commandoit non-seulement à ses propres enfans, à » ses propres serviteurs, et disposoit de ses propres » biens; ains aussi à ceux de son voisin, ne plus ne » moins qu'aux siens propres, et s'en servoit comme » de choses communes entre eulx. Et il falloit que les » jeunes gens révérassent non-seulement leurs pères et » se rendissent subjects à eulx; ains aussi à tous autres » vieilles gens. Et si un enfant, ayant esté chastié par » un autre, l'alloit rapporter à son père, c'estoit honte » au père s'il ne lui donnoit encore d'autres coups. » . . . . « Il leur estoit interdict de voyager en » pays estrangier. » (PLUTARQUE, *Sommaire des Institutions des Lacédémoniens*, trad. d'Amyot.)

place de ministre est si enviée, et qu'on a jugé à propos de rendre celle de ROI inaccessible.

L'action de l'homme public, dans un État, s'arrête aux bornes de l'État; l'action du philosophe, du savant, de l'artiste, ne s'arrête qu'aux bornes de la civilisation humaine. Ceux dont le sentiment continuel est que l'opinion qu'ils professent doit former l'opinion de quiconque pense dans le monde; que les passions qu'ils éprouvent et qu'ils peignent parlent à l'âme de quiconque est capable de sentir; que leurs découvertes font naître pour tout le genre humain et des besoins et des jouissances nouvelles, ceux-là sont sans doute de tous les hommes ceux qui trouvent le plus de *bonheur* dans leur travail. Combien aussi ces sortes de travaux, ces sortes de postes ne font-ils pas de jaloux? Mais on n'a pas besoin d'en défendre les approches,

. . . . pauci,
Dis geniti, potuēre.

Les poëtes se disoient autrefois plus grands que les princes, et les premiers après les dieux; cet orgueil qu'on a vu souvent se reproduire dans les hommes livrés aux travaux de l'intelligence, n'est autre chose que l'expression de ce contentement de soi-même, de ce sentiment de force personnelle qu'éprouve un esprit qui se sent en rélation avec tous les esprits, une âme qui agit sur toutes les âmes. La sphère de l'homme privé, c'est sa famille; la sphère de l'homme public, c'est l'État; la sphère du philosophe, c'est l'Univers : ne comparez rien à son *bonheur*, s'il sait l'apprécier et en jouir.

Autrefois cette noble jouissance n'étoit permise qu'à ceux qui se livroient aux spéculations de l'esprit; eux seuls pouvoient servir à la fois l'intérêt du monde entier, l'intérêt de tous les peuples avec l'intérêt de la patrie. Il n'en étoit pas ainsi pour l'homme public, pour le citoyen : tout ce qu'il faisoit pour sa nation, il le faisoit contre toutes les autres; son âme étoit par nécessité rétrécie, ses vues bornées, son *bonheur* limité par les bornes de son pays: il lui falloit que la patrie s'étendît, car, hors de la patrie, il n'y avoit plus d'hommes pour lui.

Étendre la patrie, en poser si loin les frontières, qu'on ne trouvât partout que des concitoyens, c'étoit là sans doute qu'aspiroient les âmes nobles de la république romaine, en voulant conquérir le monde (1). Mais, par combien de sentimens pénibles ne falloit-il pas qu'ils achetassent ce plaisir d'être en relation avec plus d'hommes ! Il leur falloit vaincre ceux à qui ils vouloient se faire entendre, à qui ils vouloient rendre communes leurs lumières et leurs vertus ; il falloit les vaincre, leur imposer le poids de cette terrible maxime, *vœ victis !* (2)

---

(1) « Son dessein n'estoit pas de courir et fourrager » l'Asie comme feroit un capitaine de larrons ains » estoit sa volonté de rendre toute la terre habitable » subjecte à mesme raison, et tous les hommes citoyens » d'une mesme police. »

Telles étoient, selon Plutarque, les vues d'Alexandre, et l'objet de ses expéditions guerrières.

Ce fut un genre de gloire que les empereurs romains affectèrent, que de donner des citoyens à la *république*, en même temps que des sujets à l'Etat. On a trouvé des médailles frappées en l'honneur d'Antonin, avec le titre d'AMPLIATOR CIVIUM.

(2) *Malheur aux vaincus !*

Le citoyen industrieux n'a pas besoin, s'il jette les yeux hors de sa nation, de trouver des vaincus pour trouver des concitoyens ; il en trouve par-tout où il y a des hommes industrieux comme lui. Que l'homme d'état ne craigne pas désormais d'agrandir ses vues et son âme, qu'il ne craigne pas que son *bonheur* s'accorde mal avec son devoir ; le bien de sa patrie est le bien de l'Europe, le bien de l'Europe est le bien de sa patrie.

Tout ce qui se produit de richesse et de liberté au-dedans d'une nation, est gagné pour celles qui l'entourent ; tout ce qui s'en produit autour d'elle, est gagné pour elle-même. Citoyens, travaillez pour le monde, le monde travaille pour vous.

Vos armes, ce sont les arts et le commerce ; vos victoires, ce sont leurs progrès ; votre patriotisme, c'est la bienveillance et non la haine. Voulez-vous joindre à ces vertus douces les vertus fortes et mâles auxquelles le Lacédémonien se formoit en combattant ? O citoyens ! vous avez des ennemis, des ennemis plus acharnés que les Perses, L'IGNORANCE et ceux qu'elle fait vivre.

FIN.

TABLE

DES CHAPITRES.

Ce premier volume sera terminé par un second morceau de Finances, *où l'on examinera les diverses opinions émises sur le* budget.

De l'imp. de Cellot, rue des Grands-Augustins, n° 9.

www.ingramcontent.com/pod-product-compliance
Ingram Content Group UK Ltd.
Pitfield, Milton Keynes, MK11 3LW, UK
UKHW021058200726
13857UKWH00003B/1003

9 782012 464841